희망을 위해 함께 만드는 아름다운 하모니

희망을 위해 함께 만드는 아름다운 하모니

1st STORY · 교보문고
노사의 꿈, 독자에게 감동으로 돌려드립니다 　　　　　　　004

2nd STORY · 보해양조(주)
작업장혁신으로 마음의 체온을 1°C 더 따뜻하게 　　　　　　018

3rd STORY · 쌍용양회
'새롭게' 보면 혁신이 보인다 　　　　　　　　　　　　　　032

4th STORY · 영화진흥위원회
'위기'가 가져다 준 '기회'로 새로운 비상(飛上)을 준비하다 　　046

CONTENTS
▶▶▶▶▶▶▶▶

5th STORY · 중앙고속

안전의 다른 이름, 혁신 — 060

6th STORY · 축산물품질평가원

현장·소통 외면한 혁신은 연목구어(緣木求魚)일 뿐 — 074

7th STORY · 청주의료원

인력 효율화 바람, 한파 녹이고 신바람 일터 만들다 — 088

8th STORY · 한국유리공업

혁신은 사람에서 시작되고 사람에서 끝난다 — 102

모범사례집

4

1st STORY | 노사의 꿈, 독자에게 감동으로 돌려드립니다

교보문고

건전한 노사관계란 어떤 것이냐는 질문에 당신은 뭐라고 답할 것인가. 기발한 대답들은 많겠지만 교보문고 노사는 "서로 벗하는 것"이라고 대답할 것이다. 노사는 산적한 현안에 대한 걱정이 많더라도 절대로 대의를 거스르지 않아야 한다. 그래야 화려한 황금도, 눈부시게 빛나는 다이아몬드도 부럽지 않을 이익을 얻을 것이다. 교보문고 노사가 '제2의 전성기'를 열게 된 이유는 간단하다. 가야 할 길이 어렵다고 포기하거나 자신의 이익만 옳다고 고집부리며 장벽을 쌓지 않았다. 그저 '고객이 우선'이라는 평범한 진리를 작업장혁신에 적용시켰다. 이것만으로도 충분했기 때문이다.

업종 도소매업
근로자 수 1,210명
연혁
1980.12 주식회사 교보문고 창립
1981.06 교보문고 광화문점 개점
2009.10 국가고객만족지수(NCSI) 2년 연속1위 기업 선정
소개
교보문고는 양서 보급을 통한 출판·도서문화 향상에 기여하는 도심 속의 문화공간으로 성장한 기업이다.
현재 오프라인 영업점을 전국적으로 확대하고 지속적으로 인터넷 교보문고의 콘텐츠를 지속적으로 강화해 명실상부한 대한민국 지식의 허브로 자리매김했다.
고객들이 더욱 안락하고 편안한 분위기 속에서 문화쇼핑을 할 수 있도록 각종 서비스 제도를 개발하고 있다.

올해 8월27일 교보문고 광화문점은 사람들로 가득했다. 8월 마지막 주말 방문 고객은 무려 20만 명. 넓어진 입구, 높아진 천장, 자연 느낌을 살린 인테리어, 책을 편히 찾고 볼 수 있는 공간 구조, 더욱 친절해진 직원들까지. 교보문고 광화문점을 찾은 방문객들은 "역시 서울에서 제일가는 문화와 지성의 공간"이라며 감탄했다. 그날의 주인공은 단연 장시간 리모델링을 마친 교보문고 광화문점을 기다린 고객이다. 허나 주인공을 더욱 돋보이게 해준 조연인 교보문고 노사도 잊지 말아야겠다.

모범사례집

STORY 1st

▶ 노사 간 합의와 양보로 리모델링을 마치고 새롭게 문을 연 교보문고 광화문점은 더욱 개선된 고객 만족 서비스를 제공하고 있다.

"개장 전인 8월25일 VIP 고객 초청 프리 오픈(free open) 때부터 사실 느낌은 좋았습니다. 우편으로 초대장을 보냈고 약소한 기념품을 증정한 것 외엔 요식 행사도 없었어요. 그런데 지나가던 시민들까지 찾아주셔서 깜짝 놀랐거든요."

"개장 전인 8월 25일 VIP 고객 초청 프리 오픈(free open) 때부터 사실 느낌은 좋았습니다. 우편으로 초대장을 보냈고 약소한 기념품을 증정한 것 외엔 요식 행사도 없었어요. 그런데 지나가던 시민들까지 찾아주셔서 깜짝 놀랐거든요."(교보문고 총무팀 정한주 팀장)

"리모델링을 장기간 할지, 부분적으로 할지 고민이 많았습니다. 부분적으로 한다면야 직원들의 근무 환경엔 별 영향이 없겠지만 고객에게 불편한 점은 반드시 남죠. 그렇다고 리모델링 때문에 오랫동안 영업을 하지 않으면 내부 고객 관리에도 이상이 생길 수 있고요. 사측도 직원 처우, 고객 편의 문제 때문에 큰 결심을 한 것 같아요."(교보문고 노동조합 김기운 위원장)

정 팀장 말처럼 고객들은 교보문고 광화문점 리모델링을 진심으로 반겼다. 그러나 김 위원장의 고백처럼 오랫동안 교보문고 광화문점 문을 닫고 리모델링을 한다는 결정은 쉽게 내릴 수 없었다. 그 이유는 교보문고 설립 이념과 특성을 고려하면 충분히 이해할 수 있다.

작은 희생도 큰 밑거름으로 삼을 줄 아는 지혜

교보문고는 정치·사회적으로 격동기였던 1981년 6월 1일 국민교육진흥의 실천적 구현·독서 인구 저변 확대를 통한 국민정신문화 향상·사회교육적 기능을 살린 문화 공간 창출을 창립이념으로 문을 열었다. 즉 영업적 이익 창출에 집착하지 않고, 책을 팔아서 서점 운영비만 남아도 충분히 운영할 의지가 있다는 뜻이다. 더 강조하자면 창립 이념은 떼돈 벌자는 상업적 욕심과 전혀 관련이 없다. 그저 돈 벌기에 급급한 회사가 아

모범사례집

STORY 1st

니다 보니 노사관계 가치관도 확실히 남달랐다.

한동안 우리나라 경제가 침체기를 겪었던 것은 사실이다. 교보문고도 이에 자유롭진 못했다. 창립 이념마저도 수익 창출보다는 독자를 우선으로 삼았으니 교보문고에는 혹독한 경제 불황이었을 것이다. 게다가 인터넷의 발달로 온라인 서점이 속속 시장을 키워가면서 교보문고는 진퇴양난에 빠졌다.

2002년 노사는 큰 결심을 하기에 이른다. 서로 물고 뜯는 치열한 공방을 하지 말자는 데 암묵적으로 합의했다. 노사가 서로 으르렁대며 현안에 대해 싸워봤자 결국 등 터지는 것은 고객과 현장에서 일하는 직원임을 깨달았던 것이다. 사측은 '상생 마인드'를 제안했고 노조는 '적극적 협조'로 화답했다. 어차피 가야 할 험난한 길. 노사가 함께 어깨동무하며 서로에게 의지하자고 다짐했

첫 번째 이야기
교보문고

다. 노사가 함께 실리를 챙기고 고객을 만족시키는 서점으로 발전시키자는 데 의기투합한 것이다.

같은 맥락에서 보면 교보문고 광화문점 리모델링 기간은 알찬 시간이었다. 근로기준법상 고용주의 책임이 있는 사유로 휴업하면 직원들은 평균임금의 70%를 휴업수당으로 받을 수 있다. 그러니 사측의 부담은 보이지 않아도 뻔했다. 회사의 이익 중 교보문고 광화문점 매출은 무려 20%를 차지하는데 3개월 휴업으로 일단 240억 원은 증발한다. 게다가 리모델링에 쓰일 시설투자비까지 따지면 재정적 부담이 이만저만 아니다. 사측이 재정적 부담 때문에 리모델링을 머뭇거린다는 건 누가 봐도 훤히 보였다.

노조가 팔을 걷었다. 직원들에게 '휴업수당을 양보하자'는 설득 작업에 들어간 것. 처음

모범사례집

STORY | 1st

▶ 현장 참여형 Process로 탄생한 '삼환재'는 숨은 명서를 소개하는 코너다.

엔 일부 반감도 있었지만 직원들 역시 리모델링 기간 동안 자기개발 시간을 갖기로 결정했다. 사측이 노조와 직원들에게 큰 빚을 진 셈이다. 교보문고 노사는 리모델링 기간 근무에 대해 연차휴가를 다 소진하고 광화문점을 포함한 수도권 교보문고 직원들 중 희망자에 한해 무급무직 3개월을 도입했다. 사측은 그 빚을 리모델링에 매진함으로써 갚았고 결국 더 커진 고객의 기쁨으로 돌아왔다.

직원들의 작은 소리도 깊이 들어라!

교보문고 노사의 찰떡궁합은 고객과 직접 만나는 현장 곳곳에서 더욱 쉽게 찾을 수 있다. 교보문고 광화문점 리모델링이 고객을 감동시키기 위한 노사 합의였듯이, 작업장혁신 프로그램을 '현장 맞춤형'으로 계획한 것도 고객을 처음 맞는 매장의 중요성을 잘 알기 때문이다.

교보문고의 작업장혁신 프로그램은 '현장 참여형 Process 개선 활동'으로 진행된다. 직원들이 고객의 니즈(needs)를 파악해 아이디어를 내고, 그 내용은 팀 내부 회의와 팀·점장 회의를 거쳐

첫 번째 이야기
교보문고

실현된다. 고객을 빨리 만족시킬 수 있도록 현장 반영까지의 단계를 대폭 축소한 것이 눈에 띈다.

"회사에서 매뉴얼을 던져주지 않아요. 작업장혁신 프로그램답게 시장 상황에 맞춰 직원들이 하나씩 만들어가고 있죠. 회사는 직원들의 적극적인 참여를 유도하고 현장 참여형 Process 개선 활동을 장려하기 위해 경진대회를 개최합니다. 일반적인 결재 과정을 따르긴 하지만 아이디어가 프로세스화되고 성과를 내는 건 직원들에게 맡겨요. 매달 '아름다운 교보문고인 제도'를 만들어서 엄선된 아이디어는 공개적으로 포상합니다." (교보문고 총무팀 정한주 팀장)

최근 교보문고의 막강 무기로 등장한 '바로드림 서비스' 역시 현장 참여형 Process 개선 활동을 통해 탄생했다. 고객들의 불편 중 하나가 '왜 온라인 서점에서 책을 사면 결제 후 하루 뒤에 받을까'였다. 현장 직원들은 이 점을 주시해 교보문고 특유의 강력한 온·오프라인 시스템을 활용한 서비스 개발을 제안했다. 이것이 '바로드림 서비스'의 시초다. 이 서비스는 고객이 인터넷 교보문고를 통해 주문한 도서를 1시간 이후 오프라인 영업점에서 직접 수령할 수 있는 제도다. 오프라인 영업점과 온라인 사업팀이 새로운 개념의 서비스를 논의해왔고 오프라인 마케팅 지원팀이 본격적으로 아이디어를 취합해 TFT

모범사례집

STORY 1st

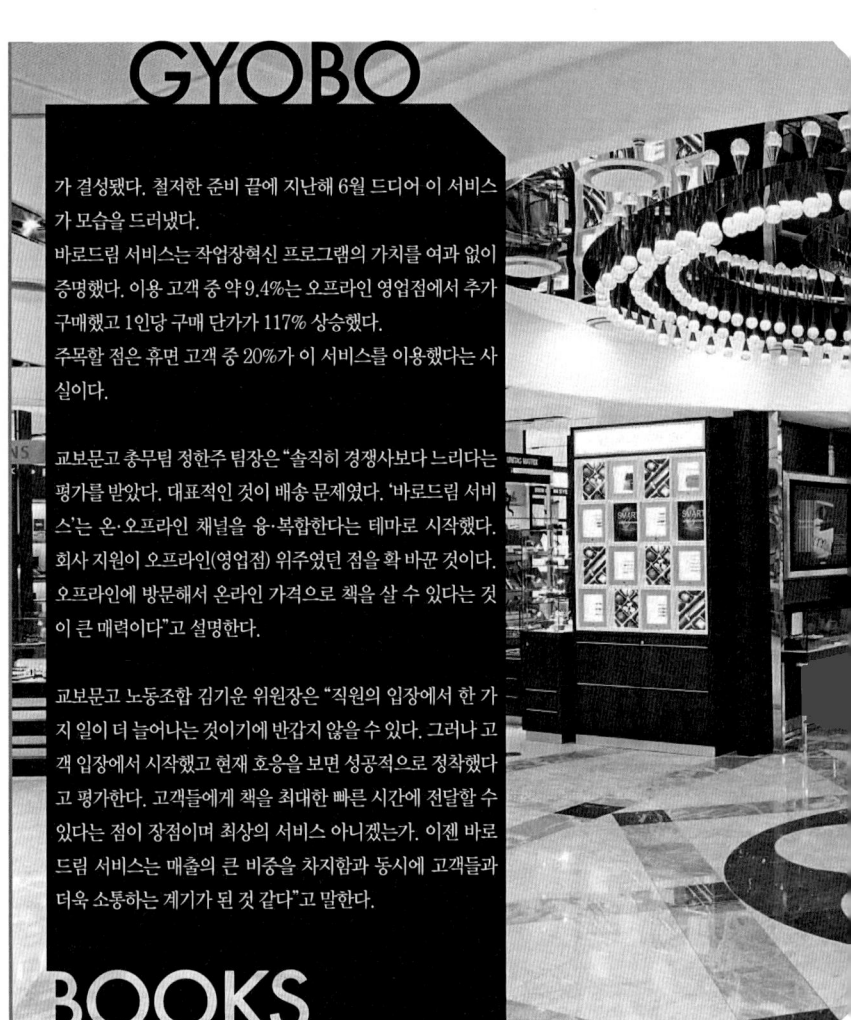

GYOBO

가 결성됐다. 철저한 준비 끝에 지난해 6월 드디어 이 서비스가 모습을 드러냈다.

바로드림 서비스는 작업장혁신 프로그램의 가치를 여과 없이 증명했다. 이용 고객 중 약 9.4%는 오프라인 영업점에서 추가 구매했고 1인당 구매 단가가 117% 상승했다.
주목할 점은 휴면 고객 중 20%가 이 서비스를 이용했다는 사실이다.

교보문고 총무팀 정한주 팀장은 "솔직히 경쟁사보다 느리다는 평가를 받았다. 대표적인 것이 배송 문제였다. '바로드림 서비스'는 온·오프라인 채널을 융·복합한다는 테마로 시작했다. 회사 지원이 오프라인(영업점) 위주였던 점을 확 바꾼 것이다. 오프라인에 방문해서 온라인 가격으로 책을 살 수 있다는 것이 큰 매력이다"고 설명한다.

교보문고 노동조합 김기운 위원장은 "직원의 입장에서 한 가지 일이 더 늘어나는 것이기에 반갑지 않을 수 있다. 그러나 고객 입장에서 시작했고 현재 호응을 보면 성공적으로 정착했다고 평가한다. 고객들에게 책을 최대한 빠른 시간에 전달할 수 있다는 점이 장점이며 최상의 서비스 아니겠는가. 이젠 바로드림 서비스는 매출의 큰 비중을 차지함과 동시에 고객들과 더욱 소통하는 계기가 된 것 같다"고 말한다.

BOOKS

첫 번째 이야기
교보문고

화제를 교보문고 광화문점으로 돌려보자. 노사 간 환상적 합의를 바탕으로 리모델링에 성공해 박수를 받았던 광화문점 곳곳에도 '현장 참여형 Process 개선 활동'을 손쉽게 찾을 수 있다. 고객들에게 '숨겨진 명서(名書) 소개 코너'를 만들자는 의견이 반영된 매장도 주요 언론과 네티즌, 독자들에게 큰 화제가 됐다. 조선 후기 실학자 이덕무와 성리학자 채지홍의 서재 이름을 본떠 만든 공간인 구서재(九書齋)와 삼환재(三患齋)는 매월 새로운 주제에 따라 책을 전시한다. 세상의 빛을 본 지 오래됐더라도 문제없다. 판매 부수가 낮더라도 상관없다. 주제에 적합하고 내용이 우수한 책이라면 진열대 앞에 배치한다.

> 고객들에게 '숨겨진 명서(名書) 소개 코너'를 만들자는 의견이 반영된 매장도 주요 언론과 네티즌, 독자들에게 큰 화제가 됐다.

품절·절판된 도서를 복간하고 개인 콘텐츠를 책으로도 만들 수 있는 '책공방'도 인기 만점이다. 이 역시 '현장 참여형 Process 개선 활동'으로 채택된 아이템이다. 교보문고 홈페이지에서도 사용 가능한 이 서비스는 하루에 무려 1,000여 명이 이용하고 있으니, 잠재된 수요를 매출로 끌어낸 직원들의 힘은 사뭇 대단하다 하겠다. 그 힘을 믿고 작업장혁신 프로그램인 현장 참여형 Process 개선 활동을 적극 지원해준 사측의 행동 역시 교보문고의 가치를 높이는 데 일조했다.

모범사례집

STORY 1st

▶구서재는 주제에 따라 명사가 추천하는 책을 전시하는 공간이다.

첫 번째 이야기
교보문고

책 읽는 똑똑한 직원 만들기 프로젝트

교보문고 직원은 당연히 책을 많이 읽는다? 이 말은 사실이며 진리다. 사람들은 교보문고는 문화를 파는 기업이기에 당연히 직원들도 독서를 통해 교양을 갖출 것이라고 기대한다. 교보문고 노사 역시 이 기대감을 저버릴 수 없다. 아니, 오히려 대형 서점 및 온라인 서점과의 치열한 경쟁에서 최대 경쟁력으로 부각시킬 수 있다. 노사는 작업장혁신 프로그램의 일환으로 '독서기반참여형 교육 프로그램'을 실시한다. 이는 독서를 많이 한 직원에게 충분한 보상을 제공하는 제도다.

방송과 언론을 통해서도 수차례 알려진 '북마스터 제도'도 그 중 하나다. 2000년부터 시행된 북마스터는 교보문고 밖에서도 전문 자격증으로 통한다. 2008년 12월 한국산업인력공단에서 인증하는 '사업내자격'으로도 인증받았다.

> 교보문고 직원은 당연히 책을 많이 읽는다?
> 이 말은 사실이며 진리다.

이 제도에서는 현재 입사 후 4년 간 사전학습과정 이수 후 6개월 동안 연차별 필수 교육 · 자기개발 교육을 이수해야 하고 독서학점 60점 이상, 최근 2년 간 고과 점수 평균 70점 이상을 획득해야 북마스터 자격을 부여한다. 자격 취득 후에도 정기적인 보수 교육을 받아야 자격을 유지할 수 있다. 현재 230여 명의 북마스터가 독자들에게 전문적인 도서 추천 및 서비스를 제공하고 있다.

STORY 1st

북마일리지 커뮤니티는 직원들이 다양한 분야의 책을 두루 정독할 수 있도록 분위기 조성에 한몫하고 있다. 직원들이 책을 읽고 커뮤니티에 서평을 올리면 1마일리지가 부여된다. 10마일리지 단위로 5만 원권 상품권이 지급되고 100마일리지 달성 시 추가로 30만 원권 상품권을 지급한다. 이렇게 쌓인 자료는 추후 고객에게도 제공할 계획이다. 팀·점장 리더십 프로그램도 책을 읽고 작성한 워크북을 바탕으로 토론하는 프로그램이다. 주제를 잡아 관련 도서를 읽고 독서, 토론, 프로그램 발표, 현장 적용 과제까지 수행한다.

"직원들에게 독서는 기본이죠. 북마일리지를 통해서 연간 6권은 반드시 읽어야 하고 북마스터를 희망하는 직원은 자격을 취득하기 위해 4년 동안 한 달에 한 권은 의무적으로 읽어야 합니다. 문화상품을 파는 기업이 책 표지만 알고 내용과 흐름을 모르는 건 어불성설 아닙니까. 문화적 소양이 없으면 직원들의 자신감도 그만큼 떨어지겠죠." (교보문고 총무팀 정한주 팀장)

참된 관계는 어려운 시기일수록 더욱 진면목을 드러낸다. 교보문고 광화문점 리모델링 결정도 그렇고 온·오프라인 부서 별 협조로 진가를 발휘한 바로드림 서비스도 그렇다. 노조는 사측이 제안한 미래의 가능성을 믿었다. 사측 역시 노조에게 마음껏 일할 수 있는 멍석을 깔아줬다. 이렇게 가족 같은 친밀도를 자랑하는 교보문고 노사는 신뢰라는 출발점에서 화합이라는 결승점까지 같은 보폭을 맞춰왔다. 그리고 '고객 만족'이라는 금메달을 획득했다. 메달의 가치를 완성시켜준 고객들을 위해 교보문고 노사는 오늘도 작업장혁신 프로그램 연구에 박차를 가하고 있다.

▶ 북마스터 제도는 직원들의 지식과 교양을 강화해 서비스의 품질을 높이는 효과를 거두고 있다.

Mini interview

교보문고
정한주 총무팀장

Q 작업장 혁신 과정에서 노사가 지녀야 할 태도는 무엇인가요.

"깨어있는 노사관계야말로 작업장혁신에 도달할 수 있는 가장 빠른 길입니다. 교보문고 노사는 현장의 목소리를 듣고 경영에 반영해 피드백할 수 있는 '현장 참여형 소통 채널'을 구축해왔습니다. 좀 더 주도적으로 직원들의 의견을 수렴하기 위해 노력하고 있어요. 노사관계에서 적당한 긴장은 감초와도 같죠. 서로 너무 믿어버리면 실수가 더 큰 불상사로 번질 수 있으니까요. 서로 너무 편하게 대하다가 절차, 원칙을 무시한 관계로 전락하지 않도록 항상 긴장의 끈을 놓지 않아야 합니다. 서로 협조할 것은 협조하면서 깨어있는 노사관계를 이어온 점을 고객들도 높이 평가해주시는 것 같습니다."

Q 노조와 직원들이 큰 결정을 할 때 가장 염두에 둔 것은 무엇인가요.

교보문고
김기운 노조 위원장

"교보문고는 하나지만 상호 이해관계가 부서나 직책마다 조금씩 다르죠. 하루가 다르게 늘어나는 온라인 서점과 영풍문고, 반디앤 루니스 등 오프라인 서점과의 경쟁에서 우위를 차지하는 것이 급선무임을 모두 공감하고 있어요. 이런 상황에서 교보문고의 심장부인 광화문점이 5개월 동안 문을 닫는다는 것 자체는 어려운 부분이었죠. 조합간담회를 통해 노사가 함께 살 수 있는 방향을 찾는 데 최선을 다했습니다. 바로드림 서비스도 더욱 치열해진 시장에서 살아남아야 한다는 위기의식을 가진 직원들의 협조로 잘 정착한 것 같습니다."

모범사례집

2nd STORY | 작업장혁신으로 마음의 체온을 1°C 더 따뜻하게
보해양조(주)

대한민국에서 가장 사랑받는 술, '소주'를 빼놓고 술의 역사를 이야기할 수 없다. 국민주라고 불러도 손색없는 소주가 우리 곁에 다가온 때는 고려 말경이다. 이후 술은 다양한 모습으로 변모하며 여전히 우리 곁에서 민중들의 애환을 달래주는 좋은 친구로 자리매김하고 있다. 잎새주, 소주, 매취순, 복분자 주 등을 제조하며 술의 역사를 새로 쓰고 있는 보해양조(주)는 33년 무분규로 노사 사생의 모범을 보이는 기업이다. 노사 화합을 이루기 위한 여러 노력의 끝에 작업장혁신이라는 또 다른 도전 과제를 성공적으로 이뤄낸 보해의 선택은 생산성 향상이라는 당연한 결과를 얻을 수 있게 했다.

업종 제조업
근로자 수 142명

연혁
1950년 보해양조 창립
2001년 (주)보해통상, 500만불 수출의 탑 수상 (제38회 무역의 날)
2009년 보해 복분자주, 샌디에고 국제 와인 컴피티션
 (San Diego International Wine Competition) 금메달 수상
 보해 복분자주, OECD 세계포럼 공식 건배주 선정

소개
보해는 지난 반세기 동안 주류산업의 외길을 걸어왔다. 성실봉사, 생산성 향상, 창의개발을 사훈으로 시장개척에 매진하고 있다.
특히 한국을 대표하는 전통주를 개발, 발선시켜 세계적인 명주와 비견할 만한 제품으로 성장시키고 소주의 세계화에도 앞장서고 있다.
새로운 기업문화 창출과 사회에 봉사하는 기업, 소비자에게 만족을 주는 기업, 우수한 상품의 개발을 통해 좋은 술을 만드는 기업이 되기 위해 노력하고 있다.

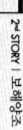

2nd STORY | 보해양조

1950년, 시대의 격변기 속에서 설립된 보해. 반세기에 걸쳐 대한민국 술의 역사를 써내려가는 기업이다. 변함없이 사랑받는 술을 만들어 냄으로써 우리 곁에 더 깊이 뿌리를 내려가는 보해가 어느덧 창립 60주년을 맞이했다. 행복한 일터가 되지 않으면 기업의 미래는 없다는 보해 장성공장의 공장장 정종태 전무이사는 '작업장혁신은 생존을 위한 당연한 선택'이라고 이야기한다.

모범사례집

STORY | 2nd

변화를 위한 오랜 걸음

보해 장성공장의 변화는 하루아침에 이뤄지지 않았다. '최고의 품질, 최고의 생산성, 최고의 일터'를 만들겠다는 경영 목표를 세우고 긴 시간 공들여 이룩한 성과다. 견고한 터를 다지고 이를 굳건히 하기 위한 시간을 충분히 지나왔던 것이다. 이렇게 하기를 7년, 비로소 누적 원가 절감 100억 원이라는 놀라운 결과를 내놓기에 이른다. 그 과정에서 생의 한 부분처럼 익숙해진 습관을 버리고 새로운 질서를 만들어 내는 시간이 필요했다. 한 발 밖에서 지켜보면 쉬워 보이는 일들도 중심에 선 주인공 입장에선 어렵기 마련이다.

"변화하지 않으면 내일은 없습니다. 그런데 변화할 필요를 느끼지 못한다는 것이 가장 큰 걸림돌로 다가왔습니다. 기존 그대로의 익숙한 습관을 불편한 모습 그대로 고수하려고 하는 직원들이 더러 있었습니다. 변화한 이후의 모습을 경험해보지 않았으니 어쩌면 변화 자체가 더욱 불편했는지도 모르겠어요. 그래서 어떻게 하면 직원들을 변화시킬 수 있을까 하는 고민부터 시작해야 했습니다."
정종태 공장장은 장성공장 부임 이후 나이테처럼 켜켜이 쌓인 묵은 습관을 털어내는 시간이 필요했다고 이야기한다. 그러나 무분규 33년의 관록은 이럴 때 기지를 발휘하게 한다.

"직원들이 먼저 변화의 필요성을 느낄 수 있도록 했습니다. 아무것도 달라지지 않은 지금의 모습에선 찾아볼 수 없는 풍경을 찾아 직원들을 견학 보냈습니다. 체계적인 규칙이 지켜지

두 번째 이야기
보해양조

▶ 생산라인에서는 검병장으로부터 이동된 공병과 박스가 자동으로 분리돼 박스와 공병이 깨끗하게 세척된다.

모범사례집

STORY 2nd

는 기업, 설비 혁신이 이뤄진 기업을 보고 많은 수의 직원들이 직접 느낄 수 있도록 기회를 만들었습니다."

우선 깨끗한 작업장을 만들어나갔다. 식품을 만드는 회사에서 위생이란 떼려야 뗄 수 없는 관계라는 인식을 세워야 했다. 안전하고 깨끗한 작업복을 지급하기 위해 전국의 모든 작업복 제작 업체의 샘플을 받아서 선별, 바다 건너 일본에서까지 최고의 품질을 자랑한다는 작업복을 공수했다. 처음에는 반기를 들던 직원들도 이후 반색하며 변화의 바람에 몸을 맡겼다. 변화는 노사 모두가 상생을 위한 당연한 선택이라고 몸으로 느끼는 순간 시작됐다.

산업재해 예방을 위한 설비혁신 활동

1) 로봇타이저[1] 도입
- 근골격계질환 예방을 위해서는 紙BOX 및 1.8L Pet 제품을 수작업으로 적재하고 있어 Robot 2대를 설치하면 수작업 적재 인원(8명)을 근골격계 부담 작업에서 해소시킬 수 있게 됐다. 무거운 상자를 근로자들이 직접 옮겨 고질적으로 발생하던 근골격계질환의 예방을 위해서는 무엇보다 필요한 설비였다.

2) 설탕 공급용 호이스트[2] 설치
- 기존에는 복분자주 제조 과정에서 필요한 포대설탕 25kg을 수작업으로 용해조에 투입했으나, 투입 과정의 작업 여건상 어려움이 많고 불안전한 상태와 근골격계 부담 작업에 해당되는 근무 환경인 점을 고려해 전용 호이스트를 설치함으로써 근로자의 신체적 부담을 해소할 수 있게 됐다. 뿐만 아니라 높은 곳에서 이뤄지는 작업으로 인한 추락, 협착 재해에 대한 우려를 사전에 예방할 수 있다.

3) 紙Box 포장 자동화 라인 설치
- 주류시장의 다변화로 인해 紙Box 출고량도 시간이 갈수록 증가하는 추세에 있어 紙Box 포장라인 관련 근무자도 단순 반복 작업과 중량물 취급으로 근골격계 부담 작업에서 자동화라인(1호기 및 紙Box 포장작업 자동화 라인Packer, 수출용 紙Box 제함기 및 봉함기를 자동화 라인으로 연결) 설치를 통해 포장의 생산성을 높이고 근로자의 근골격계 질환을 예방하는 효과를 가져왔다.

4) 내수용(360ml) 紙Box 제함기[3] 설치
- 기존에는 대부분 수작업으로 Box를 제작해 포장할 수 있도록 공급했으나 단순 반복 작업으로 근골격계 부담 작업에 해당돼 내수용지 紙Box 제함기의 자동화로 생산성 향상과 근로자의 신체적 부담을 줄였다.

5) 3호라인 P-Case Return Conveyor[4] 설치
- P상자에 들어있는 제품을 紙Box Packer(포장 기계)로 紙Box에 제품 포장 완료 후에는 공 P상자를 수작업으로 Pallet에 적재했으나, P상자 Return Conveyor를 설치하여 적재 인원 4명을 근골격계 부담 작업에서 제외시켜 근골격계질환 예방 효과를 가져왔다.

---

1) 상자에 포장된 제품을 사람 대신 기계가 물건을 적재하는 작업
2) 1톤 단위로 포장된 설탕을 특정한 장소에 하역하는 장치
3) 종이 등으로 상자를 만드는 기계
4) 한 번 사용된 플라스틱 상자를 원래의 위치로 이동시키는 컨베이어 장치

모범사례집

STORY 2nd

작업장혁신, 산재 예방으로 건강한 일터 만들다

산업재해를 예방하기 위해 설비의 자동화, 안전화 작업이 이뤄졌다. 수작업으로 이뤄지던 많은 부분을 로봇이 대신해주면서 직원들의 업무 부담이 한결 가벼워진 것이다.

단순히 생산성 향상만을 위한 혁신이 아니었다. 설비의 기계화, 자동화로 생산성 향상은 물론 많은 직원들에게 고질적인 질환으로 꼽히던 '근골격계질환'을 해소하게 된 것이다. 회사가 고수하던 행복한 일터를 만들기 위한 고심의 결과였다.

"자동화 설비를 통해 직원들의 업무 과중에 따른 신체적 부담이 해소됐습니다. 보통 술 상자 하나가 20kg 정도 되는데 그 무게로 인해 근골격계질환으로 고생하는 직원들이 많았습니다. 재해라고 볼

처음에는 인력이 부족해 보였지만 다른 라인의 높아진 생산성 덕분에 해당 유휴 인력을 투입하는 것으로 필요 인력을 맞춰나갈 수 있게 된다.

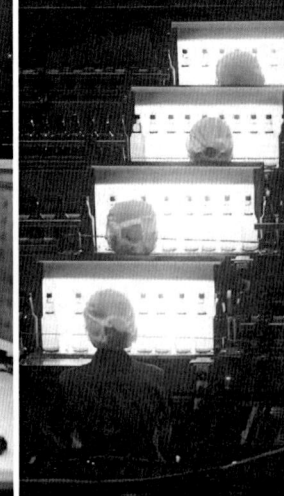

▶ 컴퓨터보드를 통해 모든 생산 공정을 총체적으로 관리·통제하는 제조조장실은 보해의 기술력이 고스란히 녹아 있는 곳이다.

두 번째 이야기
보해양조

▶매실원액 저장실에는 6만 톤 용량의 탱크 250기가 설치돼 있으며 매년 6월 초 청매실을 구입해 연도별로 저장한 후 출출하고 있다.

모범사례집

STORY | 2nd

▶ 보해는 유휴 인력의 재배치를 통해 새로운 생산라인을 만듦으로써 정리해고를 피해갈 수 있었다.

보해양조

전사적으로 힘을 모아 보다 높은 생산성 향상과 안전한 일터에 대한 노력을 기울여갔다.

수는 없지만 직업병처럼 대부분의 직원들이 파스를 달고 살았는데, 설비 혁신 이후 통증을 호소하는 직원들이 눈에 띄게 줄었습니다."

황보 욱 노조 위원장은 가장 큰 변화로 보다 건강해진 직원들의 표정을 꼽았다. 그러나 기계화 및 자동화 과정에서 유휴 인력의 구조조정에 대한 직원들의 우려도 없지 않았다. 그 우려는 기우였음을 곧 알게 된다. 유휴 인력에 대한 정리해고는 처음부터 생각지도 않았다. 대신 유휴 인력의 재배치를 통해 새로운 생산라인을 만들었다. 목포 제2공장에서 가동 중이던 복분자, 매취순 공장을 장성으로 이전해 온 것이다. 처음에는 인력이 오히려 부족해 보였지만 다른 라인의 높아진 생산성 덕분에 해당 유휴 인력을 투입하는 것으로 필요 인력을 맞춰나갈 수 있게 된다.

규칙이 아닌 스스로 만들어내는 질서

직원들 모두가 변화라는 선택에 뜻을 모으자 순풍에 돛단 듯 순항하기 시작했다. 새롭게 길들인 습관을 유지하는 일은 노사 공동의 몫이었다. 전사적으로 힘을 모아 보다 높은 생산성 향상과 안전한 일터에 대한 노력을 기울여갔다. 오조작, 오동작을 줄일 수 있도록 작업 공장의 대상물에 대한 상호 점검을 통해 '무재해 4배 목표달성'(1,400일)을 이뤄낸 것이다.

모범사례집

STORY | 2nd

▶ 임금 투쟁 시간을 아껴 생산량을 늘리면 반드시 그에 대한 보상이 따른다고 믿는 직원들

두 번째 이야기
보해양조

매월 1일, 직원들 모두가 월례 조회를 통해 그 마음을 다시금 새롭게 하는 시간으로 만들어 가고 있다. 위에서 아래로 하달되는 지시가 아닌 아래에서 위로 제안하는 'DOWN → TOP'(아래에서 위로)제도를 직원들 모두에게 습관화시켜 작업 현장 근로자가 먼저 개선 사항을 제안하고 있다. 이때 제안된 개선 사항은 즉각적인 타당성 검토를 거친 후 곧바로 개선 결과를 반영하도록 하고 있다. 그 결과 노사가 함께하는 안전보건 활동인 산업안전보건위원회의 운영이 보다 활성화돼 노사 간 대화와 타협을 통해 작업자, 관리자 모두에게 동기부여를 하고 있다.

믿음으로 길어 올린 원가 절감

"작업장혁신은 자연스러운 흐름의 하나였습니다. 우리는 처음부터 '상생'을 위해 한 곳을 바라보고 있었기 때문에 결국에는 이뤄질 것이라는 믿음이 있었습니다. 서로의 이익을 위한 '투쟁'을 선택했다면 무분규 33년의 자랑스러운 역사는 이뤄질 수 없었겠지요."

황보 욱 공장장은 한쪽에서 먼저 한 발짝 양보하면 다른 한쪽에서도 양보로 답해올 거라고 이야기한다. 이는 어쩌면 당연한 순리인지도 모르겠다.
지난 2009년 임금교섭 시 노동조합은 나라 안팎으로 휘청하는 경제 상황을 고려해 그 전권을 회사에 위임했고, 회사는 직원들의 사기 진작을 위해 전직원에게 3.5%의 임금 인상을 결정하여 업계에 모범적인 선례를 남기기도 했다. 임금 향상을 위

STORY 2nd

한 투쟁의 시간을 아껴 생산량을 늘리면 그에 대한 보상은 반드시 이뤄진다는 믿음은 하루아침에 조성된 것이 아니었다.

〈노동 생산성 향상 실적〉

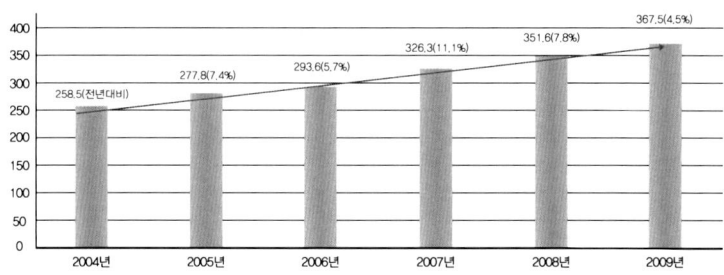

"지난 5년 간 누적 원가 절감 비용이 100억여 원에 이릅니다. 높을 때는 30~40억 원을 절감했던 해도 있었습니다. 한해도 거르지 않고 신장을 거듭했습니다. 이것이 단순히 기계화, 자동화를 통해서만 얻어진 것은 아닙니다. 직원들 모두가 'YES'라고 응해줄 마음의 준비가 돼 있던 덕분이죠. 직원들에게 고마운 마음을 일일이 다 말로 할 수 없을 정도입니다. 그러나 생산성이라는 것은 한없이 높아지지 않습니다. 필요 없는 군살을 차츰 정리해 나가다 보면 더 이상 정리할 군살이 없어지지 않겠습니까?"

정종태 공장장은 이제 더 이상 제거할 군살이 없을 정도라고 이야기한다. 그들은 나올 게 없는 마른 수건을 짜는 일은 하지 않겠다고 했다. 대신 직원들 스스로가 조금 더 행복한 일터에서 일한다는 자부심을 가질 수 있도록 새로운 목표를 설정하고 또 다른 항해를 시작할 것이라고 전했다. 더 먼 미래를 향한 항해가 막 시작된 것이다.

Mini interview

정종태
생산본부장 / 중앙연구소장

Q 작업장혁신을 추진한 배경이 궁금합니다.
특별한 계기가 있었던 건 아닙니다. 다만 목표를 설정할 필요가 있다고 생각했습니다. 직원들과 함께 목표(최고의 품질, 최고의 생산성, 최고의 일터)를 세우면서 회사가 발전하고 그 안의 구성원들이 함께 발전하기 위해서 여러 노력을 벌였고 그 과정 중 자연스러운 흐름의 하나로 연결됐다고 말씀드려야겠네요.

Q 안타까운 점도 있었을 텐데요.
작업장혁신 전 현장 근로자들 이하 많은 직원들이 타성에 젖어 있었습니다. 변화할 필요를 느끼지 못하고 있었고, 변화를 거부하는 모습도 보이곤 했었습니다. 제 마음을 몰라주는 것 같아서 아쉽고 서운했는데, 진정성을 갖고 먼저 다가갔습니다. 그리고 사측에서 약속한 것들을 작은 것에서부터 실천으로 보였습니다. 그랬더니 차차 마음을 알아주기 시작하더군요.

황보 욱 노조 위원장

Q 조합원을 설득하고 공감대를 형성하는 과정이 쉽지 않았을 텐데요.
우린 사실 어렵지 않았습니다. 물론 그 안에서 조금 서운한 목소리도 없지 않았지만 이미 선진화된 작업 환경에 견학 보내면서 직접 체험할 수 있도록 했습니다. 말 보다는 그게 더욱 효과적인 방법이라고 생각했고요. 직원들 역시 선진화된 작업장을 체험하고 나니 그 편리함이나 안전함을 필요로 하게 되더군요. 덕분에 큰 어려움 없이 공감대를 이뤄나갈 수 있었습니다.

Q 작업장혁신의 가장 큰 성과를 꼽는다면.
우리는 설비 혁신 부분에서 큰 성과를 이뤘습니다. 덕분에 업무 성과도 높아졌지만 그보다는 직원들의 신체적 부담을 줄여준 것을 꼽고 싶습니다. 기계화, 자동화를 통해서 재해나 질환의 가능성을 줄였고 실제로도 많은 직원들이 근골격계질환으로 인한 신체의 불편함이 크게 감소됐다고 얘기하고 있습니다.

모범사례집

3th STORY | '새롭게' 보면 혁신이 보인다

쌍용양회

작업장혁신이라는 이름의 현장 개선 활동은 사실 오래 전부터 있어 왔다. 지금의 혁신이 이전의 개선 활동과 다른 건 부분이 아니라 전체를 갈아엎는다는 데 있다. 시대가 달라졌기 때문이다. 제조업이 환영받지 못하는 시대, 제조업의 혁신은 훨씬 어렵고 같은 이유로 그만큼 더 절실하다. 오랜 개선 작업에 박차를 가해 작업장혁신의 이름으로 거듭나고 있는 쌍용양회 동해공장을 찾았다.

업종 제조업
근로자 수 492명
연혁
1962년 쌍용양회공업주식회사 설립
1981년 1억불 수출의 탑 (대통령상 수상)
1994년 동해공장, 북평공장, 중앙연구소 ISO 9001 인증
소개
쌍용양회는 국내 최대의 시멘트 제조회사로서 동해, 영월, 문경, 광양 등 4개의 생산공장에서 연간 1,600만톤의 시멘트와 클링커를 생산하고 있다. 국제적으로 시멘트 품질의 우수성을 인정받아 국내 수출량의 50%을 점유하고 있다. 고품질 시멘트를 바탕으로 고강도·초고내구성·저발열 콘크리트 등 다양한 특수콘크리트용 시멘트를 개발하여 공급하고 있다.

▶쌍용양회 직원들은 2010년 5월 창사 48주년 기념식에서 최선을 다해 비전과 목표를 달성하자고 다짐했다.

2008년 5월, 쌍용양회는 작업장혁신을 책임질 '혁신추진팀'을 꾸려 본격적인 혁신작업에 나섰다. 그달 말 실시한 혁신의식 설문조사 결과는 그리 만족스럽지 못했다. 그동안 진행했던 다양한 공장 개선 활동으로는 부족하다는 결론이 나왔다. 이에 본사 혁신추진팀은 다양한 혁신 프로그램을 개발했고, 이에 발맞춰 동해공장 역시 같은 해 7월 '혁신! 도전, 5000!'을 슬로건으로 공장혁신운동을 시작했다. 공장 내 혁신운동이 치고 외시 결정 기구 역힐을 할 '혁신운동 추진위원회'를 노사 동수로 구성했다. 그리고 2년이 지났다. 무엇이 얼마나 달라졌을까? 쌍용양회 사람들의 이야기를 들어보자.

STORY 3th

고양이 목에 방울 다는 법

쌍용양회는 시멘트를 만든다. 우선 시멘트의 재료인 석회석을 밀가루보다 고운 분말로 만들어 소성이란 공정을 통해 탄산을 제거한다. 다시 킬른(Kiln)이라 부르는 회전요를 통과하면 시멘트의 반제품인 클린커(Clinker)가 된다. 큰 밤톨 정도의 크기와 모양을 지닌 클린커에 각종 첨가제를 넣어 가루로 만들면 우리가 아는 시멘트가 된다.

가마에 해당하는 킬른의 정확한 이름은 로터리 킬른(Rotary Kiln)이다. 회전하는 가마란 뜻이다. 킬른 안의 클린커가 뭉치지 않고 모양을 형성하면서 경사각을 타고 냉각기로 빠져나올 수 있다. 바로 이 과정에 고질적인 문제가 있다. 킬른은 회전하지만 킬른 안으로 화염을 뿜는 버너는 회전하지 않기 때문에 버너 선단부에 먼지가 쌓인다. 처음에는 적은 양이지만 시간이 흐르면 제법 많은 양이 쌓여 엄청난 무게로 버너를 누르고 버너의 지향점이 바뀐다. 화염의 지향점이 달라지면 공정이 불안정해지고, 킬른의 내화물 수명도 떨어져 손실로 이어진다. 때문에 운전원들은 교대할 때마다 1,450도 가마의 맨홀을 열고 긴 쇠막대로 쌓인 먼지 덩어리를 제거해야 했다. 하지만 점착성이 강해 잘 떨어지지도 않고, 작업이 위험한 데다, 자칫 잘못하면 버너가 손상될 우려도 있다.

어떻게 하면 이 문제를 해결할 수 있을까? 버너를 회전시키면 간단하게 해결되겠지만, 버너는 연료와 공기 라인의 구조가 복잡해 회전시킬 수 없다. 공장의 전직원이 모여 회의를 했지만 해결책은 나오지 않았다. 킬른 안의 먼지는 점착성이 강해서 한 번 쌓이면 제거하기가 어렵다. '쌓이기 전에 훅 불어버리면 될 텐데.' 누군가 말했고, 웃음이 터졌다. 하지만 해결의 실마리는 여기서 나왔다.

지속적으로 공기를 공급할 수 있는 소형 송풍기를 버너에 달았고, 배관을 보호하기 위해 내화물로 완벽하게 감쌌다. 시뮬레이션 실험으로 검증을 마치고 2010년 5월, 1호기에 적용했다. 결과는 대만족! 현재는 7개 호기 모두에 적용시켜 매 교대마다 무거운 쇠막대질을 할 필요가 없어졌다. 이로 인해 발생한 손익 개선 효과는 연간 6,000만 원, 물론 간접적인 효과까지 계산하면 다 헤아리기 어려울 정도다.

해결할 수 없는 문제를 풀어라

TRIZ라는 말이 있다. Teoriya Resheniya Izobretatelskih Zadach의 약자인데, 영어로는 TIPS(Theory of Inventive Problem Solving)라고도 한다. 러시아의 학자가 200만 건 이상의 세계 특허를 분석해 공통점을 추려 얻은 문제 해결의 원리라 할 수 있다. 모순적인

[34]

▶ 매일 아침 자신이 할 업무에 대해 의논하는 비주얼 플래닝은 생산성 향상에 기여하고 있다.

상황을 해결하기 위한 40개의 키워드를 담고 있다. 그 중 5번은 '통합'이고 29번은 '공기 및 유압 사용'이다. 여러 작업을 한 번에 하거나, 다른 방법으로 해서 안 되던 것을 공기나 유압으로 하면 해결될 수도 있다는 얘기다(예를 들자면 DVD와 VHS(비디오테이프)를 동시에 볼 수 있는 DVD콤보가 전자의 예고, 요즘 거의 모든 차에 사용되는 파워스티어링[1]이나 브레이크는 후자의 예라 할 수 있다). 쌍용양회의 깊은 고민을 해결한 '버너선단부 코팅제거 방법' 역시 이 두 과정의 결합으로 '비교적' 간단하게 해결됐다.

어느 기업에나 IMF 시절은 힘들었다. '이대로는 안 되겠다'는 위기의식이 생겼고, 오랜 고민은 2008년 5월 '혁신'이라는 화두를 다시 등장시켰다. 곧바로 '혁신추진팀'이라는 TFT가 꾸려졌고, 혁신운동은 본격적으로 추진되기 시작했다. 동해공장의 경우 그해 7월 '혁신운동 추진위원회'를 만들었고, 노사가 동수로 참여해 머리를 맞대고 고민을 시작했다.

그동안 각자의 눈에 띄었던 개선할 점들이 쏟아져 나오기 시작했다. 2009년 한 해에만 53개의 혁신 과제

---

1) 자동차에서 유압, 공기압 등을 이용하여 쉽게 핸들을 조작할 수 있도록 한 장치

STORY 3th

모범사례집

와 283개의 자체 과제가 나왔다. 혁신 과제는 쌍용양회 본사 차원에서 추진하는 프로그램이었고 자체 과제는 각 공장별로 분임조가 주축이 되어 설정한 과제다. 이전에 계속 해오던 개선 작업과 성격이 비슷해 제안도 많았다. 많은 경우 넘을 수 없을 것 같은 벽에 맞닥뜨리기도 했다. 난이도가 높은 문제점은 창의적인 해결 방법을 찾아야 했고, 쌍용양회에서는 이를 TRIZ 과제로 묶어 집중 연구 대상으로 삼았다. 위에서 말한 '버너선단부 코팅제거 방법'은 TRIZ 과제를 해결한 대표적인 사례다.

쌍용양회 동해공장에서 제안이 나와 해결책까지 찾아낸 '버너 위 송풍기'는 본사에서 제안 2등급 판정을 받았고, 현재 특허출원 중이다. 쌍용양회는 각 제안에 대해 등급을 정해 6~3등급

제안은 각 공장장 전결로 처리해 현장에 반영하고, 1, 2등급 제안은 본사 혁신제안 심사위원회의 심사를 거친다. 1등급 제안은 아직 없었고 2등급은 모두 4건이 나왔다. 그 중 3건이 동해공장에서 제출한 것이었다.

지난해 해결한 대표적인 혁신 과제 중엔 이런 것도 있었다. 용광로와 같은 가마(킬른)의 온도를 유지하기 위해서는 소송로[2]에 불을 때기 위한 연료가 필요하다. 대부분의 경우 유연탄[3]을 많이 사용하는데, 다른 나라에서 들여오는 유연탄은 회사 입장에서 부담이 되는 것이 현실이다. 쌍용양회 동해공장에선 지난해 여름 페트코크(pet coke)라는 물질을 사용했다. 석유화학 부산물인 페트코크는 발열량이 좋아 유연탄을 대체할 수 있는 연료로 알려졌다. 반면 페트코크를 많이 쓰면 그 안의 황 성분 때문에 공정이 불안해지는 단점이 있다. 그러니 남은 건 페트코크를 얼마나 어떻게 넣느냐의 문제. 쌍용양회는 이를 공장별로 진행하는 혁신 과제로 정해 해결책을 모색했고, 결국 찾았다.

결과적으로 연료의 10%를 조금 상회하던 페트코크 사용량은 20% 선으로 높아졌다. 같은 발열량을 놓고 봤을 때 연료비가 30~50%까지 저렴한 페트코크의 사용으로 57억 원에 이르는 개선 효과를 거두었다. 이를 가능하게 했던

2) 시멘트 생산가마
3) 휘발성 물질 포함 비율이 높은 석탄

세번째 이야기
쌍용양회

▶ '내가 참여하면 달라질 수 있다'는 생각이 모여 쌍용양회의 혁신을 선도했다.

모범사례집

STORY 3th

혁신 과제 해결책은 페트코크 가루를 더 곱게 하고, 투입 설비의 구조를 개선하는 것이었다. 더불어 예열실의 문제를 개선함으로써 막대한 경비를 절약할 수 있었다. 다만 올해는 페트코크의 값이 올라 내년에는 다른 대안을 적용할 계획이라고 한다.

마음을 모으면 답이 보인다

소각로 얘기나 나왔으니 사소한 에피소드 하나 더. 일반 쓰레기 소각로의 온도가 900도임에 비해 시멘트 공장의 소송로 온도는 1,450도에 달한다. 그야말로 조금도 남기지 않고 한 줌 재로 만들어버리는 공간이다. 기본적으로는 유연탄이나 앞서 말한 페트코크와 같은 연료가 들어가지만 이외에도 다양한 것들이 자원 순환 차원에서 이용된다. 대표적인 것이 폐타이어. 폐타이어는 시멘트 공장에서 이용하는 대표적인 폐기물 연료다. 회사에서는 폐타이어를 사들였지만, 임직원들은 자신의 일처럼 여기지 않았다. 그러다 누군가 제안했다. 각자 주변의 폐타이어를 모아보면 어떻겠냐고. 반응은 신통치 않았다. 누가 폐타이어를 가지고 오겠느냐부터 모아봤자 얼마나 모으겠느냐까지, 다양한 의견들은 모두 부정 일색이었다.

〈도전, 5000!〉이라는 소식지가 있다. 쌍용양회 동해공장에서 만드는 혁신 관련 소식지다. 편집팀은 이 소식지에 폐타이어 집계 현황을 발표했다. 서서히 반응이 오기 시작했다. 자신의 차와 업무용 차의 타이어를 갈면 폐타이어를

▶ 시멘트 생산 공정에서의 문제점을 감지해 대처하는 OOP(중앙운전실) 모습

[38]

▶ 쌍용양회 전직원은 작업장혁신 결과를 바탕으로 '통합무재해' 라는 새로운 과제에 도전하고 있다.

신고 와 회사에 모아뒀고, 주변 사람들의 타이어까지 챙기는 사람도 많아졌다. 물론 회사에서 사용하는 타이어 총량에 비하면 많지 않은 양이지만, 그 성과는 엄청났다. 무엇보다 '내가 참여하면, 우리가 참여하면 뭔가 달라질 수 있구나'란 생각을 모든 임직원들이 공유하게 된 것이다. 이런 의식 전환 과정을 거쳐 쌍용양회 동해공장의 작업장혁신 사업은 활기를 띄었다

쌍용양회 동해공장 설비관리팀 이현귀 차장은 임직원들의 동참과 의식 변화가 놀라웠다고 강조했다. 그가 말한 2009년의 설문조사 결과를 살펴보자. 2008년과 2009년을 비교했을 때 혁신 활동의 필요성에 대해서는 83.5%(2008년)와 84.4%(2009년) 별다른 변화가 없었다. 반면 혁신을 자신의 문제로 받아들였음을 보여주는 혁신 의식은 10.2%에서 35.3%로 세 배 이상 껑충 뛰었다. 혁신의 성공 가능성 역시 61.1%

모범사례집

STORY 3th

에서 75.9%로 높아졌고, 자신감 또한 82.3%에서 89.4%로 상승했다. 혁신이 성공하기 위해 반드시 필요한 종적·횡적 커뮤니케이션은 30.0%와 33.0%에서 39.0%와 41%로 각각 늘어났다. 늘어난 통계치는 2009년 5월에 분석된 것이니, 1년 반이 더 지난 지금의 분위기는 어떨지 얼추 짐작할 수 있다.

킬른은 계속 돌아간다

작업장혁신 이후 쌍용양회 동해공장에서 가장 눈에 띄게 나타난 성과는 공장의 안정화다. 공장이 안정됐다는 건 고장 없이 잘 돌아갔다는 뜻. 2007년에는 84번의 고장으로 5,706시간이 운영되지 않았다. 물론 1호기부터 7호기까지 누적된 횟수와 시간이다. 2008년은 어땠을까? 55회 고장으로 2,698시간, 대폭 줄었다. 2009년에는 41회 고장이 발생해 2,227시간을 잃어버렸다. 2010년 초, 동해공장은 관련 부서 회의를 통해 고장 횟수를 14번 이하로 줄이기로 했다. 목표란 늘 가능 목표치보다 조금 빠듯하게 잡는 법, 하지만 2개월을 남겨 둔 10월 말 현재, 킬른이 멈춰 선 건 모두 13차례. 이현귀 차장은 목표를 충분히 달성할 수 있을 것으로 전망했다.

킬른이 멈춘 횟수가 급격하게 줄어든 건 작업장혁신의 일환이었던 '고장 예보제' 때문이다. 오랜 관행은 고치기 어려운 대신, 그만큼 많은 정보를 가지고 있다. 이를 바탕으로 고장 위험이 높은 요소들을 사전에 점검해 고장을 사전에 예방했고, 고장 예보 주기 역시 월간에서 주간으로 바꿔 거의 실시간으로 대응하고 있다. 그 결과 지난해 4월5일부터 5월6일까지 31일 동안은 7개의 모든 킬른이 단 한 번도 멈추지 않고 계속 돌아갔다. 5호기의 경우 2008년 11월 19일부터 2009년 11월16일까지 293일에 걸쳐 고장 한 번 발생하지 않았다. 특히 5호기 기록은 쌍용양회 창사 이래 최초로 세워진 연속 가동 기록이고, 앞으로도 갱신하기는 어려운 기록이다.

예전에도 있었던 데이터베이스는 작업장혁신 이후 현장 개선 활동의 데이터로 살아났다. 작

업장혁신이란 그리 대단한 것이 아니다. 중요한 건 새로운 걸 보는 것이 아니라 새롭게 보는 것이다. 1978년 입사한 이래 30년 넘게 쌍용양회를 지켜온 김봉열 반장이 말을 거들었다.

김봉열 반장은 계장과 기장을 거쳐 올해 1월1일부터 기성이 된 장인이다. 그는 특히 TRIZ 교육의 효과가 좋았다고 했다. 문제를 해결하는 것도 중요하지만 현장에 대해 새로운 시각으로 바라보게 된 것이 가장 큰 변화라고 했다. 김 반장은 혁신 작업 전과 후를 비교했을 때 가장 달라진 점은 혁신 후 회의 시간이 길어진 점이라며 웃었다 ㄱ 전에는 혁신 교육이든 회의든 업무, 곧 일의 연장이라고 생각한 반면, 교육 후에는 혁신이 장기적인 발전을 위해 반드시 필요하다는 점을 인식하고 토의와 토론을 하는 시간이 길어졌다는 뜻이다.

STORY 3th

우리는 쌍용양회 동해가족

동해공장에는 모두 7개의 키른이 있다. 그 중 1~3호기는 오래된 설비로 생산 1팀이 맡고 있고, 4~7호기는 새로 증설된 라인으로 설비가 신형이며 생산 2팀이 담당하고 있다. 서로의 생산 라인이 달라 교류가 많지 않았을 때에는 '팀 간 거리가 동해-영월(쌍용양회의 영월 공장)보다 멀다'는 말이 있을 정도였다. 작업장혁신을 통해 워크숍을 개최했는데, 1단계는 두 팀이 모두 모여 친목을 다졌고, 2단계는 전문분야별로 모여 팀 간 커뮤니케이션을 강화했다. 그러기를 2년, 이제는 '동해-영월' 루머는 사라지고 없다.

"그 동안 정신없이 작업장혁신을 위해 앞만 보고 달려왔어요. 성과도 많았고, 그만큼 보람도 큽니다. 이제는 혁신 문화가 어느 정도 정착됐다는 생각도 합니다. 하지만 지나고 보니 아쉬움도 없진 않아요. 혁신이란 게 손익 구조를 개선하기 위한 혁신도 있겠지만, 문화적인 혁신도 같이 해야 한다는 생각을 해요. 그간은 '이익 창출'의 드라이브가 강했지만, 앞으로는 장기적인 관점에서 문화적인 혁신을 강화할 생각입니다."

김봉열 반장은 생산과 관련된 직접적인 혁신을 넘어 쌍용양회 동해공장의 문화를 바꾸고 싶다는 이야기를 했고, 이에 대해 이현귀 차장은 2011년에는 소통과 교류를 테마로 한 문화적 혁신 프로그램을 강화할 계획이라고 답했다. 물론 지금도 문화적인 혁신 프로그램이 없는 건 아니다.

단순하게는 매주 수요일 족구대회를 통해 함께 하는 시간을 늘렸고, 오랜 시간 예산 문제로 열리지 못했던 가을 체육대회도 지난해부터 11월 말에 열리고 있다. 보다 근본적으로는 YCG를 운영하고 있다. YCG란 Young Challenger Group의 줄임말로 지난해 4월 결성된 '조직문화 개선추진팀'이다. 대리급 이하 직원들로 조직된 YCG의 바탕에는 '과장급 이상은 관료화되어 문화를 바꾸기 힘들다. 아직 관료화되지 않은 젊은 직원들이 관리자의 의식을 바꿔보라'는 혁신적인 문제의식이 있다. 이들은 3개 조로 나뉘어 조직문화를 개선하고 이를 위해 각자가 할 일, 소통을 활성화시키기 위한 방안들을 찾아냈다. 덕분에 홈페이지에는 쌍용 토론방도 생겼고, 작업자들에게는 개인안전수첩이

쌍용양회

▶ 쌍용양회 동해공장은 현장의 혁신을 발판 삼아 생산성 향상 신화를 써나가고 있다.

시급뇌어 십난안선수직이 놓친 부분들을 체크해 개인 안전을 책임지고 있다. 그러니 김봉열 반장과 이현귀 차장의 이야기는 달리는 말에 채찍을 더 가하겠다는 뜻이다.

벽, 넘어뜨리면 다리

모범사례집

STORY 3th

많은 기업들이 작업장혁신을 이야기하고 있다. 성공적으로 실천한 경우는 그리 많지 않다. 대부분의 경우, 기업들이 작업장을 혁신하는 이유는 위기에서 벗어나거나 수익 구조를 개선하기 위해서, 곧 기업의 목적인 이익 창출과 맞닿아 있다. 여기에 작업장혁신이 어려운 이유가 있다. 비전을 갖추지 않은 작업장혁신은 '수익창출'이라는 분명한 목표에도 불구하고 구성원들의 마음을 움직이지 못하고, 구성원들이 적극적으로 참여하지 않는 한 작업장혁신은 듣기 좋은 구호에 지나지 않는다. 사람의 마음을 얻었다면 혁신은 어렵지 않다. 모든 벽은 넘어뜨리면 다리가 되는 법, 함께 밀면 벽은 쉽게 무너지는 법이다. 쌍용양회 동해공장의 벽은 이미 벽보다 다리 쪽에 가깝다.

▶ 혁신을 향한 쌍용양회 직원들의 열정은 킬른보다 더 뜨겁다.

세번째 이야기
쌍용양회

Mini interview

쌍용양회
설비관리팀 이현귀 차장

Q 작업장 혁신 이후 현장 분위기는 어떤가요.

"공장에서 진행되는 제조업이라는 특성상, 작업자의 존재가 공정(process)에 묻히기 쉬운 면이 있습니다. '작업장혁신'을 하기에 좋은 환경은 아닌 셈이지요. 막연한 추정이 아니라, 설문조사 결과가 있어요. 2008년의 설문조사 결과를 보면 혁신과 관련해서 임직원들이 가장 먼저 떠올리는 단어는 '불편함'이었습니다. 2년 동안 저희는 워크숍이나 혁신추진위원회 등을 통해서 프로그램을 만들고 공유했습니다. 여러 단계의 혁신 프로그램을 통해 현장에 적용시켰고요. 올해는 설문조사를 하지 않았습니다만, 2009년 설문조사를 할 때보다 분위기가 훨씬 좋은 걸 보면 어느 정도인지 짐작하기 어렵잖습니다."

Q 작업장 혁신은 어디에 초점을 뒀나요

쌍용양회
설비관리팀 김봉열 반장

"장치 산업은 완전히 새로운 기술이 나올 여지가 많지 않기 때문에 혁신의 여지가 많지 않다고 생각했습니다. 그래도 1992년부터 품질관리 활동을 지속적으로 해왔기 때문에 작업장혁신 활동이 아주 낯설진 않았어요. 무엇보다 장치 산업이지만 새로운 환경에 맞게 변해야 한다는 인식을 했고, '어떻게'의 문제는 워크숍과 회의, 교육을 통해서 조금씩 답을 찾아갔어요. 저희는 현장에서 일을 하기 때문에 혁신 활동 역시 현장에 초점을 맞췄어요. 생산 라인에서 나타난 성과는 그 결과라고 생각합니다."

모범사례집

4th STORY | '위기'가 가져다 준 '기회'로 새로운 비상(飛上)을 준비하다
영화진흥위원회

지난해 봄. 영화진흥위원회는 공기업 경영평가에서 최하위 등급인 E등급을 받아 기관장이 해임되는 불명예를 겪었다. 위원회 안팎에서 환골탈태를 요구하고 나섰다. 이후 6개월이 흐른 지금. 변화와 혁신에 성공한 영화진흥위원회는 여느 공기업들의 벤치마킹 모델이 되고 있다. 노사 간 끊임없는 '대화'와 '타협' 속에 그 비결이 숨어 있다.

업종 영화산업 육성 · 지원
근로자 수 107명

연혁
1973년 영화진흥공사 창립
1999년 영화진흥위원회 출범, '제2의 창립'
2006년 「영화 및 비디오물의 진흥에 관한 법률」 개정을 통한 영화발전기금 운용역할 부여

소개
영화진흥위원회는 한국영화의 다양성과 공공성을 확보하고 해외 진출을 돕기 위해 조직된 기구이다.
또한 영상전문인력을 양성하고 영상기술력 제고 및 영화정책 연구 강화하기 위한 다양한 대책을 실현하고 있다.
세부적으로는 제작 · 유통 · 투자/출자사업 등을 시행하고 있다.

영화진흥위원회(아래 '영진위')는 공공기관이다. 정부가 공기업 선진화를 위해 내놓은 과제를 영화진흥위원회도 수행해야 할 의무가 있었다. 조직 감축, 인력 감축, 대졸 초임 호봉 인하 등에 대해 노사 간 대화의 테이블을 여는 것이 먼저였다. 2012년까지 전체 인력의 10%를 감축해야 하는 과제를 앞둔 시점에서 기간제근로자를 재임용하기에는 무리가 따르는 상황이었다. 막중한 과제를 수행하기도 전에 기간제근로(계약직) 직원의 재임용 심의 안건 과정에서 노사 협상을 벌이던 중 불미스러운 사건이 터졌다. 폭언, 기물 파손 등의 폭력 사건으로 사측이 노조를 고소한 것이다.

"기간제근로자 가운데는 분명 역량 있는 직원들이 있겠지만 공공기관 선진화를 달성하기 위해서는 반드시 인력 감축이 필요했습니다. 이런 상황에서 기간제근로자를 정규직화하기에는 경영상 어려움이 있었습니다. 지금까지의 관행(심의를 통한 기간제근로자의 정규직화)이라고 해서 무조건 수용할 수 있는 상황은 아니었습니다."

김도선 사무국장(당시 총괄기획팀장)은 어쩔 수 없는 단호한 선택이었다고 했다. 과거에는 기간제근로자가 2~3년 근무할 경우 일부분 자연스럽게 정규직화되기도 했다. 그러나 그간 인력 및 조직 관리의 방만함에 대해 지적받아 오던 영화진흥위원회 사측 입장에서는 더 이상 관행을 빌미로 무리한 요구를 수용할 수는 없는 상황이었다. 그러나 이후 사측이 노조에 대한 고소를 취하하는 등 포용의 인사 조치로 전환하면서 화해의 무드가 조성된다. 인사규정에는 기소가 됐을 경우 단호한 인사 조치를 할 수 있도록 규정하고 있지만 해임, 대기 발령이라는 극단의 조치 대신 직원 신분을 유지할 수 있도록 새로운 개선의 모델링을 시도한 것이다. 이 같은 사측의 노력 덕분이었을까. 이후 노조도 단체협상 과정에서 사측의 배려에 화답한다.

▶ 2010년 1월 유인촌 문화체육관광부 장관이 참석한 가운데 열린 영화진흥위원회 업무보고 당시의 모습

모범사례집

STORY 4th

작업장혁신으로 노사관계 선진화 이루다

공공기관 경영평가 꼴찌의 불명예를 회복하기 위해서는 누구보다, 그리고 무엇보다 작업장혁신이 필요했다. 그것은 공익을 창출하는 공공기관으로서의 생산성 향상을 위해 '일하는 직장 분위기'를 만들기 위한 출발이기도 했다. 위기의식을 느낀 노사는 노조 전임자를 2명에서 1명으로 축소하는 한편 인사와 경영에서 노조 간섭을 배제하는 등 기존 항목 중 불합리하다고 여겨지던 90여개 조항을 단협 조문에서 삭제했다. 또 기존 노조 가입률을 77%에서 66%까지 축소하는 등 노조 자발적으로 '대수술'에 들어갔다.

정규직 10%도 감축했다. 아날로그 방식에서 디지털로 변화하는 과정에서 인원 감축의 요인이 생겼기 때문이다. 그러나 해직, 대기발령이 아닌 명예퇴직이라는 길을 열어 배려했다. 또한 대졸 초임을 16% 깎는 데도 합의를 이뤘다. 이는 시작에 불과했다. 내부에서는 진통 끝에 얻어낸 성과였지만 공공기관인 영화진흥위원회를 바라보는 외부의 시선은 여전히 차가웠다.

"나름대로 쇄신을 이뤄냈다고 판단했지만 앞으로 가야할 길은 여전히 멀다는 것을 노사가 모두 인정하고 있었습니다. 밖에서는 여전히 '이제 겨우 정상화된 정도'로 여기는 시선들이 많았으니까요." (양규식 경영관리부 인사수석)

이 같은 영진위의 고육지책은 실제로 노사관계 선진화의 초석을 다지는 데 크게 기여했다. 사실 기존의 단협 구조에서는 원활한 경영이 어려운 상황이었다. 사측이 개선이나 변화를 원해도 노조의 동의나 합의가 없으면 실행할 수 없는 구조였기 때문이다. 그러나 바뀐 단협 하에서는 노조의 경영권이 배제돼 보다 적극적이고 공격적인 경영이 가능해졌다.

▶ 2009년 7월 임단협에서 영진위 노동조합은 전임자를 줄이고 노조 가입률까지 축소하는 등 혁신을 위한 대수술을 단행했다.

네번째 이야기
영화진흥
위원회

▶ 조직 활성화 교육의 일환으로 진행된 '한마음 리프레시 캠프'

노조가 사측의 목소리에 귀를 열어두는 등 화해 무드 조성에 앞장섰기 때문이다. 그래도 갈 길이 멀어 보였다.

경영평가 최하위라는 불명예를 떨쳐내기 위해서는 조직 쇄신이 필요하다는 내외부적인 역풍이 불어오기도 했다. 이 때문인지 개선과 혁신이 필요하다는 분위기가 영진위 전반에 걸쳐 형성됐다. 이런 불명예를 계속 안고 가는 것은 조직의 안전성과 신뢰성에 크나큰 타격을 입게 된다는 것을 모두가 느끼고 있었기 때문이다. 처음에는 다소 강하게 반기를 들던 노조도 대화와 소통을 통해 차츰 타협점을 찾아갔다.

모범사례집

STORY 4th

덕분에 영진위는 2008년 최하위인 E등급이던 노동생산성을 2009년 최상위인 S등급으로 끌어올리는 성과를 거둘 수 있었다. 또 인건비 절감 등을 통해 2억 원 가량의 경상경비를 절감했다. 뿐만 아니라 성과급적 연봉제를 전면 도입해 공공기관 선진화에 부응하는 임금체계를 갖추기도 했다.

조직 개편도 함께 이뤄졌다. 팀 간 유사 기능을 통·폐합하고 각 팀 간 연계를 강화하기 위해 기존 4국 15개 팀(Team)제에서 1국4부 4센터 1역의 대부제(大部制)로 사업 추진 조직을 개편하는 등 사무국 체계로의 개편을 단행했다. 조직 슬림화에 대한 공기업 선진화 과제를 달성하고, 그간의 비효율성 제거에 나선 것이다.

노사는 적극적인 화해와 소통을 위해 다양한 커뮤니케이션 프로그램을 운영해 나갔다. 소통, 긍정, 포용 등을 모토로, 새로운 경영 환경에 따른 조직 변화를 모든 임직원이 거부감 없이 받아들일 수 있도록 하기 위함이었다. 2009년 말엔 'CO2 DOWN, KOFIC UP'이라는 자연친화적인 프로그램을 통해 다시 한 번 진솔한 대화의 장을 마련했다. 화해의 무드 속에도 보이

▶ 영진위는 일회용품 사용 근절과 개인용품 사용운동 등을 통해 녹색성장을 실천하고 있다.

네번째 이야기
영화진흥
위원회

▶ 현장에서 촬영한 영화 필름을 현상·인화하고 있는 현상실 직원

희망을 위해 함께 만드는 **아름다운 하모니** [51]

모범사례집

STORY | 4th

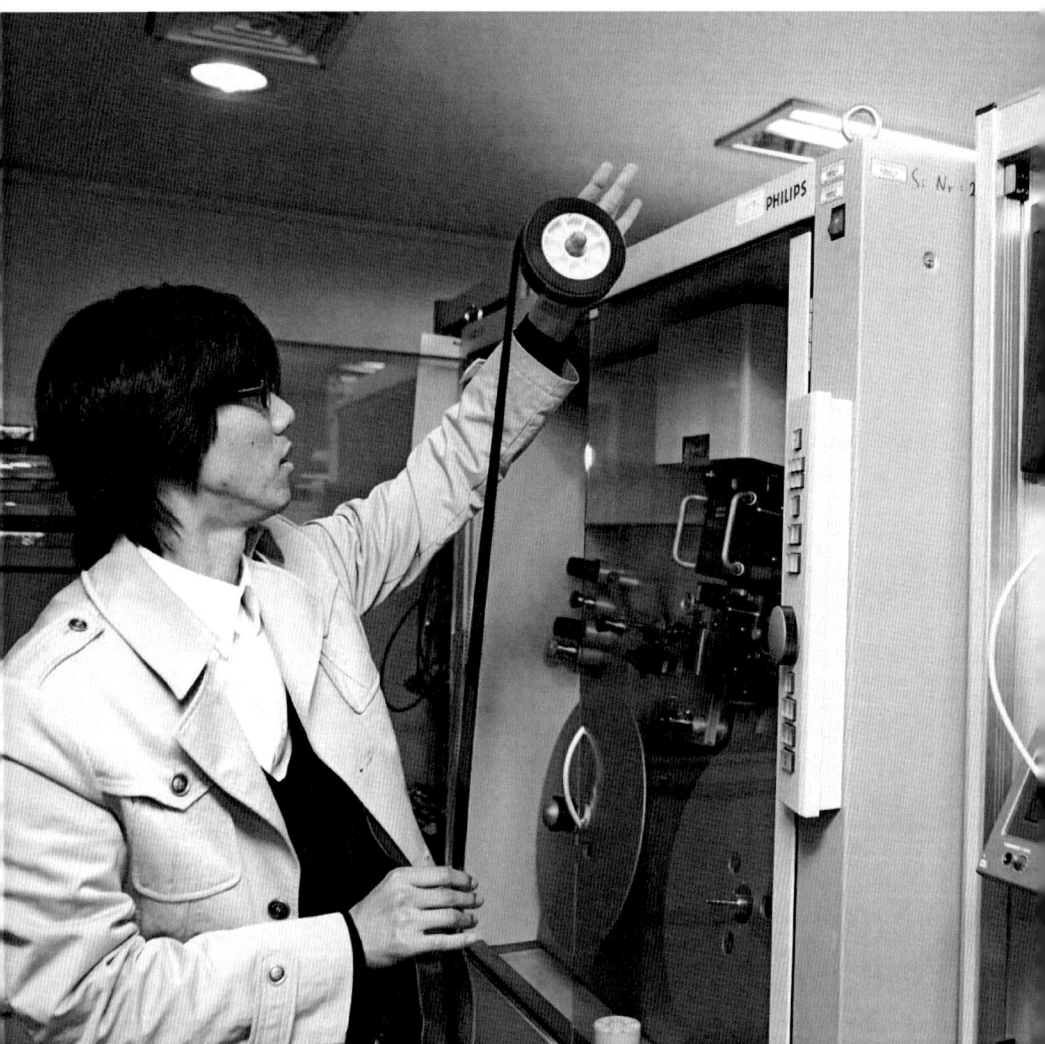

▶ 영화 필름을 파일로 전환하기 전 필름 상태를 확인하는 모습

네번째 이야기
영화진흥위원회

▶ 혁신을 통한 조직 쇄신으로 영진위에 대한 영화계의 신뢰도는 갈수록 높아지고 있다.

지 않게 남아 있던 앙금을 털어낼 수 있는 기회였다. 더불어 일회용품 사용 근절과 개인용품 사용운동을 펼치는가 하면 사회적기업 제품 사용에도 합의했다. 이는 정부의 주요 국정 과제 가운데 하나인 녹색성장에 영진위가 모범을 보이겠다는 의지의 표현이었다.

제2의 시작, 소통의 싹을 틔우다

이후 노사 간 분위기 쇄신과 이미지 제고를 위한 새로운 돌파구가 필요했다. 때로는 단호한 결단이 필요한 순간이 있다. 그들에게 단체협상은 협상이 아니라 선택이었던 것이다. 공공기관 노동조합 가운데 대표적인 강성 노조로 꼽혀온 영진위 노조는 2010년 초 민주노총을 탈퇴했다. 1996년 출범한 노조는 그간 민주노총의 지부로 활동해왔다. 민주

모범사례집

STORY 4th

노총 탈퇴 여부를 앞두고 벌인 임시총회 조합원 투표에서 찬성 50표, 반대 14표로 탈퇴를 결정했다. 조합원 전원이 참석한 이 투표에서 무려 77%가 탈퇴를 선택했다.

"공공기관 노사관계 선진화에 대한 기본적인 공감대가 형성돼 있었습니다. 덕분에 노조에서도 상당부분 선진화 과제를 수행할 필요성을 느끼고 있었습니다."

김지웅 현 노조 위원장은 전환의 계기가 필요한 순간이 왔음을 대다수 노조원이 인식하고 있었다고 전했다. 하지만 공공기관 가운데 강성으로 꼽히는 조합원들을 설득하는 일은 결코 쉬울 수도, 쉬울 리도 없는 과정이었다.

▶ 영화 필름을 파일로 전환하는 컨버팅 작업이 이뤄지는 텔레시네실

네번째 이야기
영화진흥
위원회

▶ 유인촌 장관은 국내 영화산업 발전을 위해 각별한 관심을 쏟고 있는 것으로 알려져 있다.

STORY 4th

"사실상 조합원들을 설득하기 위해서는 뭔가 눈에 보이는 성과를 보여줘야만 했습니다. 그런데 그럴 만한 꺼리가 없었어요. 다만 회사의 존폐와 영진위 내부 직원들의 미래, 그리고 우리를 지탱해주는 영화계의 신임을 다시 얻는 날까지 우리의 권리나 목소리 일부는 잠시 접어두자는 쪽으로 의견이 모아졌습니다."

장광수 전 노조 위원장은 또 "민주노총 탈퇴는 자연스럽게 흘러가는 사회 분위기와의 타협이 었다"고 말했다.

단협은 노사가 타협의 테이블을 펼치기 위해 반드시 거쳐야 하는 과정이었던 것이다. 노사는 '단협은 안팎에서 불어오는 질타에 대해 노사가 힘을 모아 조직의 안정과 정상화를 이루고자 하는 노력이었다'고 입을 모았다. 단독(독립) 노동조합으로의 탈바꿈은 대내외에서 신뢰를 받는 조직으로 새롭게 태어나겠다는 결연한 의지의 표현이었다. 누구랄 것도 없이 구성원 모두가 짧은 시간 큰 진통을 감내하며 오늘에 이른 영진위. 지난했던 그 시간들을 함께하며 서로를 있는 그대로 바라볼 수 있게 됐다. 이전에는 찾아볼 수 없던 기본적인 신뢰가 그들 안에 굳건히 뿌리내린 덕분이다.

이들은 노사 간 대화와 소통 속에 다다른 단협 타결을 '성과'라고 생각하지 않는다. 앞으로의 성과를 위한 첫 단추를 끼웠을 뿐이라고. 혁신을 이루기 전 노사관계는 대립 구도였다. 그러나 이젠 소통을 이야기한다. 조직에 찾아온 위기에 대처하는 그들의 선택은 '상생'이었고 이것은 시작에 불과하다. 서로가 상호 입장을 이해하고 바뀌지 않으면 조직의 미래는 없다는 것을 누구보다 잘 알고 있는 영화진흥위원회다. 과거에 범한 우를 깨닫고 타산지석으로 삼기 위한 그들의 노력을 굳건한 믿음으로 응원해주자. 소통의 싹이 튼실한 열매를 맺는 그날까지.

네번째 이야기
영화진흥
위원회

▶ 촬영 필름을 모아둔 필름캔의 모습. 영화인들의 꿈들이 그대로 녹아 있는 결정체라 할 수 있다.

Mini interview

영화진흥위원회
김도선 사무국장

Q 작업장혁신을 추진한 배경이 궁금합니다.

지난해 공기업 경영평가에서 최하위 점수를 받았습니다. 안팎에서 극단의 '처방'이 필요하다는 목소리가 높아지던 시기였습니다. 내부에서는 노사 문제에 대해 문제의식을 갖고 있었지만 어디에 먼저 손을 대야할지 몰랐습니다. 공공기관 선진화 과제를 수행하기 위해서는 노사가 합의를 이뤄야하는데 기존에는 불가능에 가까운 상황이었습니다. 준 정부 조직으로 국민의 혈세를 가지고 운영되는 진흥사업기관이기 때문에 일반 노조와는 다른 측면으로 접근해야겠다고 생각했습니다.

Q 작업장혁신을 통해 이룬 성과를 유지, 지속하기 위한 계획은?

기관장을 비롯해 사측에서는 공정하고 투명한 업무를 최우선으로 생각하고 있습니다. 지금까지 많은 직원들은 인사가 공정하지 않았다는 인식을 갖고 있었습니다. 어떤 상황이든 공정하고 투명하지 않으면 지속 가능성이 없다고 생각합니다. 앞으로는 보다 실질적인 성과 시스템 등을 통한 평가제도를 도입할 계획도 가지고 있습니다.

영화진흥위원회
장광수 과장
(前 노조 위원장)

Q 작업장혁신과 민주노총 탈퇴 과정에서 갈등을 어떻게 해결해 나가셨는지요?

우리 조직의 발전과 사회 분위기, 그리고 일부 직원들의 사회생활과 조직 구성원으로서의 자격 박탈 가능성(고소사건과 관련한 직원) 등에 초점을 두고 설득에 나섰습니다. 저 역시 오랫동안 몸담아 온 단체에서 탈퇴한 것이 조합의 미래에 영향을 미치지 않을까 고민하면서 그러한 결정을 내린 것인데, 결과적으로 아직까지는 별다른 영향 없이 오히려 조직의 안정에 도움이 되고 있어 다행입니다. 직원들도 생각 외로 안정적으로 받아들이고 있습니다. 중요한 건 어제까지의 우리가 아니라 앞으로의 우리 상황을 발전시켜 나가는 것이 아닐까 싶습니다.

Q 작업장혁신의 가장 큰 성과를 꼽는다면.

대기상태에 있던 직원들이 일상적인 업무에 복귀하고 당시 위원회를 둘러싸고 있던 상황들이 일시에 정리됐죠. 그 결과 인력난에 허덕이던 각 부서 팀원들이 즐거워했고, 사측의 약속에 반신반의하던 조합원들도 안도의 숨을 내쉬며 업무에 전념할 수 있게 됐고요. 무엇보다 대기상태에 있던 조합원 당사자들의 기쁨이 가장 컸을 거라 생각합니다. 그리고 무엇보다 큰 성과는 매년 하위권을 맴돌던 경영평가에서 꼴찌 탈출을 넘어 중위권 도약이라는 큰 성과를 이뤄냈습니다.

모범사례집

5th STORY | 안전의 다른 이름, 혁신

중앙고속

운수업의 최고 가치는 안전이다. 회사의 수익을 내는 것도 중요하고, 목적지에 빨리 도달하는 것도 외면할 수 없지만, 그보다 중요한 것이 안전이다. 결과적으로, 안전 운행이 효율적이고, 회사의 수익에도 보탬이 된다. 안전 운행을 위해서는 완벽한 차량 상태와 운전자의 컨디션이 최대 관건이다. 중앙고속의 작업장혁신은 이 두 가지에 초점을 맞췄다. 그 결과는 승객의 만족과 작업장의 무사고로 나타나고 있다.

업종 운수업
근로자 수 860명
연혁
1971년 중앙고속 설립
1998년 한국능률협회 고객만족도 1위 기업 선정
(고속버스 부문)
2009년 노사상생 협력유공 대통령표창 수상
소개
중앙고속은 대한민국재향군인회 산하업체로서 1971년 고속버스 사업을 모태로 현재는 관광, 정비사업 등 사업영역을 다각화하고 있다. 이익금의 일부를 공공의 목적사업에 지원하는 등 공공의 이익을 위해 투철한 사명감을 갖고 활동하고 있다. 안전, 친절, 봉사 정신을 바탕으로 최상의 서비스를 제공하기 위해 다각도로 노력하는 기업이다.

▶ 2010년 7월 창립 39주년을 맞은 중앙고속은 서비스·수익성·노사관계 1위를 목표로 새로운 40년을 준비하고 있다.

    요즘 '난폭 운전'이란 말을 들으면 심야의 택시를 떠올리지만, 이는 오래 전 고속버스의 전유물이었다. 급출발과 급정거는 기본이고, 거친 운전에 과속까지 더해져 편안함은 찾아볼 수 없었다. 그러더니 언제부턴가 '경제 속도 준수'라는 스티커가 고속버스에 붙더니 지금은 단잠을 자기에 더없이 좋을 정도다. 비단 중앙고속만의 이야기는 아니다. 전반적으로 수준이 많이 좋아졌다. 이 같은 '우아한 유영(遊泳)' 밑에는 '작업장혁신'이라는 '힘찬 발길질'이 있었다.

운수업은 제조업의 성격도 있지만 서비스업의 성격이 더 강하다. 승객들에게 무형의 서비스를 제공하기 때문이다. 제조업의 성격은, 좋은 서비스를 위한 준비 과정에서 나타난다. 때문에 중앙고속의 작업장혁신은 공정의 혁신도 있지만, 사람의 혁신 혹은 관계의 혁신이 더 강하다. 물론 모든 혁신이란 결국 사람의 문제이긴 하지만.

STORY 5th

비정규직 문제 단칼에 해결한 혁신의 힘

직원들에 대한 중앙고속 사측의 태도는 여러 측면에서 모범이 될 만하다. 그 중 대표적인 것은 비정규직 문제와 참여 경영이다. 우선 비정규직 문제부터 보자. 알다시피, 비정규직 문제는 우리 사회의 뜨거운 감자로 노사 갈등의 핵심이기도 하다.

"비정규직도 하는 일은 똑같잖아요. 같은 일을 하면 같은 지위와 임금을 줘야 맞다고 생각했어요. 법적으로 비정규직 2년이면 정규직으로 전환해야 합니다. 저희는 1년 만에 모두 정규직으로 전환합니다. 수습사원 들어오면 3~6개월 정도 수습 기간을 두고 정식 직원으로 채용하잖아요? 비정규직도 마찬가지 개념이라고 생각했어요. 비정규직 보호법이 2007년 7월 1일부터 시행됐는데, 우리는 그 전부터 이미 정규직 전환을 하고 있었습니다."

총무부 인사노무팀 최용휴 팀장의 말이다. 회사로선 어지간해선 내리기 힘든 결정이었을 터, 그만큼 직원들에게, 특히 비정규직에게는 일할 맛 돋우는 결정이다. 2010년 10월 현재 중앙고속의 비정규직 비율은 5%(전체 855명 중 43명)에 지나지 않는다.

인사제도와 관련해서 또 하나 눈에 띄는 건 정년을 57세에서 58세로 연장했다는 점이다. 올

▶ 사업소장단회의에서는 분기 사업 실적 분석 및 향후 목표 달성은 물론 교통안전 관리 강화를 위한 논의가 이뤄진다.

▶ 중앙고속은 2010년 2월 작업장혁신 우수기업 인증에 이어 같은 해 6월 노사문화 우수기업으로 선정됐다.

해 8월에 있었던 단체협상의 내용이다. 여기에 정년퇴임 후에도 촉탁직으로 다시 채용해 사실상 정년은 60세나 다름없다. 물론 60세까지 고용을 보장받기 위해서는 '심신의 건강 및 무사고운전'이라는 조건이 붙고, 촉탁직의 경우 임금이 조정된다. 무사고 안전운전의 든든한 받침돌을 어디서 구할 수 있겠는가.

참여 경영은 박용득 대표이사의 경영 철학과도 연결되는 부분이다. ERP 시스템이란 게 있다. Enterprise Resource Planning 시스템을 줄인 말로, 우리말로 옮기자면 '전사적 자원관리'다. 쉽게 말하자면, 회사 안의 모든 자원을 통합·관리해 효율적인 경영을 꾀하겠다는 이야기다. ERP 시스템을 도입하면 한 기업의 자금과 회계, 생산, 판매 등 모든 정보를 데이터베이스로 만들어 경영 상태를 실시간으로 확인할 수 있다. ERP 시스템은 그리 최신 경영 기법도 아니고 이미 많은 기업들이 현장에 적용하고 있다. 중앙고속은 회사의 모든 정보를 860여 명의 임직원 모두에게 공개한다는 점에서 차별화된다.

큰 원칙을 바로 세우고, 이를 중심으로 작은 원칙과 정책을 접해 실천하는 것은 쇠탑대실의 우를 범하지 않는 가장 확실한 방법이다. 커다란 밑그림을 그리고 반드시 필요한 부분부터 '채색'해나가는 방식은 다른 부분에서도 확인된다. 운수회사의 가장 중요한 가치는 안전임은 두말할 필요가 없다. '안전 운행'이라는 밑그림에 중앙고속 임직원들이 어떻게 색을 칠하는지 살펴보자.

모범사례집

STORY 5th

직원이 만족해야 고객이 만족한다

안전 운행에 반드시 필요한 것은 두 가지다. 고객이 타는 건 버스고, 버스를 운전하는 것은 기사이니, 버스의 상태가 완벽해야 하고 기사의 컨디션이 좋아야 한다. 2010년 10월 현재 중앙고속의 고속버스는 347대가 운영되고 있다. 승무직은 517명으로 전체 임직원 가운데 60%가 넘는다. 이들의 하루 기본 운행 거리는 660km다. 승무직은 운행 거리에 따라 임금이 결정된다. 운행 노선에 따라 운행 일정과 거리(그리고 임금)가 달라지기 때문에 황금 노선도 있고, 천덕꾸러기인 노선도 있었다. 노선 간 편차가 심해 운행 스케줄을 짜는 데 애를 먹기도 했지만, 근본적으로 과다한 운행은 기사의 피로도를 증가시키기 때문에 안전 운행을 담보할 수 없었다. 그래서 노선 구분 없이 기준 운행 거리를 정하고 임금을 맞췄다.

승무직은 안전 운전을 위한 교육도 받는다. 반기에 한 번, 4시간씩 안전 교육을 받는데, 손님을 태우고 운행을 해야 운행 거리를 채울 수 있는 기사 입장에서는 교육이 달가울 리 없다. 그래서 4시간의 교육은 330km를 운행한 것으로 인정한다. 그리고 중앙고속의 순찰차 3대가 전국의 고속도로를 누비고 다니며 안전 운전 지침을 준수하고 있는지 살피기도 한다. 이를테면, 안전 속도와 안전거리 같은.

멀지 않은 곳은 당일에 왕복 운행을 할 수 있지만, 지역적으로 멀거나 운행 스케줄이 맞지 않으면 타지에서 자야할 경우가 생긴다. 사실 그간 지방 숙소는 솔직히 말해 열악했다. 하지만 노사가 함께 자주 만나면서 해결해야 할 과제로 직원 숙소와 지방 터미널 사업소 환경 개선 문제가 등장했다. 집에서 잘 수 없는 것만으로도 피로일 수 있는데, 숙소 환경이 열악하다면 이는 안전 운행과도 직결되는 부분이다. 사측은 환경 개선 사업을 진행시켰고, 현장의 요구를 100% 받아들이지는 못했지만, 순차적으로 해결해나가는 중이다.

이처럼 중앙고속은 '안전 운행'이라는 가장 중요한 명제를 정하고 이를 지키기 위해 여러 방침을 마련한다. 지방의 터미널에 기사 휴게실을 별도로 마련한다거나, 고속버스에 하이패스를 일괄적으로 장착한다든가, 고속도로 휴게실 이용 시간을 변경(휴게소를 이용할 수 있는 기

▶ 중앙고속은 법정 교육 외에도 해마다 두 차례씩 외부 전문 강사를 초빙해 고객만족 교육을 실시하고 있다.

다섯번째 이야기
중앙고속

▶ 주말 운행이 많은 후배 직원들을 위해 운행 스케줄을 바꿔주는 선배 직원들. 이처럼 돈독한 선후배 관계는 중앙고속의 보이지 않는 힘이다.

준 운행 시간을 2시간30분에서 2시간으로 변경)한다든가 하는 회사의 정책들은 승무직의 컨디션을 고려한 여러 조치 중 일부다.

임금이나 숙소 환경이 아닌, 운행 자체에서 생기는 불만은 어떻게 해결할까. 운수업이란 승객을 태워 나르는 일이기 때문에, 주중보다는 주말이 더 바쁠 수밖에 없다. 다른 사람들이 쉬거나 놀러 다니는 금요일부터 월요일까지가 고속버스 회사는 성수기다. 당연히 운행 일정이 빡빡할 수밖에 없고, 자연스레 승무직의 스트레스는 올라간다. 쉽게 말해서 지금까지 주말에 쉰 적이 없고 지난 추석에도 100% 출근해서 운행 스게줄을 소화했다. 대신 평일에 휴무일이 주어지지만 혼자서 할 수 있는 건 거의 없었다. 예전 같았으면 '그럼 다른 직장을 가든가'라는 한 마디로 불만을 일축했지만, '해결 방법을 찾아보자' 싶어 노사가 함께 덤벼들었다. 가정이 평화로워야 일도 즐거운 법이니까. 답은 선배 승무직들이 내놓았다.

같은 운행 거리라 해도 운행일 배정에서 선배와 후배는 좀 다르다. 선배들의 경우 2일 운행에 1일 휴무라

STORY 5th

서 경우에 따라 주말에 쉴 수도 있다. 반면, 후배들은 주말에 늘 운행 스케줄이 잡힌다. 선배들이 예전에 그랬던 것처럼. 하지만 선배들이 후배들과 운행 스케줄을 바꾸기로 했다. 사전에 협의를 해서 한 달에 한두 번 정도, 젊은 승무직들이 가족과 함께 시간을 보낼 수 있도록 스케줄을 조정하기로 한 것이다. 선배들의 배려로 회사 분위기는 더욱 좋아졌고, 선후배 관계 역시 돈독해졌다.

안전운행의 숨은 주인공, 무결점정비

운수업에 있어 승무직이 무대 위의 배우라면, 자동차를 고치는 정비 분야는 성공적인 공연을 위해 무대 뒤에서 노력하는 스태프라 할 수 있다. 중앙고속 역시 마찬가지. 기능직은 승무직에 이어 사무직이나 영업직과 비슷한 비율을 차지한다. 이들이 얼마나 정비를 잘하느냐에 따라 안전하고 편안한 운행이 판가름 난다. 결론부터 말하면, 이들은 완벽을 추구한다. 중앙고속은 이를 '무결점정비'라고 부른다. 이를 상징적으로 보여주는 예가 '작업 공구'다. 딱 들어맞는 적당한 용어를 찾지 못해 편의상 작업 공구라고 부른다. 그 정체는 이런 거다. 자동차 정비소에 가면 엔진이나 트랜스미션을 고치는 작업대가 있다. 하지만 대형버스의 엔진이나 트랜스미션[1]을 고치는 작업대는 출시된 제품이 없다. 수요가 많지 않기 때문이다. 그래서 직접 만들었다.

새로운 작업대를 만들기 전에는 엔진이나 트랜스미션을 옮길 때마다 현장의 직원들을 모두 불러 모아 끙끙대며 들었다. 당연히 효율이 떨어질 수밖에 없고, 부상도 따랐다. 참고로 엔진의 무게는 1,100kg 남짓이고, 트랜스미션은 400kg이 훌쩍 넘는다. 여러 명이 하던 일을 한두 명이 간단하게 해결하니 생산성이 올라갔다. 생산성은 다른 증거가 필요 없다. 현장의 분위기가 말해준다. 굳이 증거를 대자면 무재해 11배수를 달성했다는 것 정도.

무재해 배수는 한국산업안전보건공단에서 무재해운동의 일환으로 정한 기준치인데, 300일 무사고가 1배수다. 중앙고속의 경우 2001년 8월17일 이후 지금까지 무사고 기록을 세워 지난 8월29일 무재해 11배수를 달성했고, 2011년 6월25일 무재해 12배수를 목표로 작업장 안전에 신경을 쓰고 있다.

"작업장 현장에서 들리는 목소리들이 있습니다. 저는 그런 요구들을 선별해서 수용해야 합니다. 저의 선별 기준은 첫 번째가 안전한가, 두 번째가 효율적인가입니다. 정비를 완벽하게 해야 한다는 전제 하에 안전하고 효율적이면 반영

---
1) 변속기

다섯번째 이야기
중앙고속

▶ 2001년 8월17일 시작된 중앙고속의 무사고 기록은 2011년 6월 무재해 12배수를 목표로 계속해서 달리고 있다.

합니다. 모든 작업장이 마찬가지겠지만, 안전도와 완성도가 평가의 기준이죠. 매주 월요일에 다 함께 모여 체조와 정신 교육을 합니다. 안전 교육도 겸하고, 작업의 완성도를 높이기 위함이죠. 저는 늘 '동료의 안전은 내가 책임진다'는 마음가짐으로 작업에 임하라고 말합니다."

정비만 33년을 했다는 전병문 정비부장의 말이다. 그의 마지막 말 뒤에는 과거의 아픈 기억이 자리하고 있다. '내가 조금만 신경 썼더라면…'하는 아쉬움이 아직도 가시질 않아 늘 직원들에게 강조한다고 한다.

중앙고속의 정비 시스템은 일상 점검-편도 점검-일일 점검으로 이뤄진다. 운행 전에 점검하고 목적지에 도착하면 점검하고, 하루 운행을 마치면 또 점검한다. 이 과정에서 문제가 발생하

모범사례집

STORY 5th

면 본사의 정비공장으로 입고를 시킨다. 정비공장은 당연히 엔진까지 모두 손볼 수 있는 1급 정비 공장이며, 정비사만 60명이다. 엔진 보링[2]은 물론 사고 차량 정비와 재생 정비까지 모두 완벽하게 처리한다.

버스와 트럭 등 대형 자동차를 전문적으로 수리하는 곳이 흔하진 않기 때문에 중앙고속의 버스가 아닌 일반 버스나 트럭도 이곳 중앙고속의 정비 공장을 찾는다. 당연한 거지만, 가장 큰 이유는 믿을 수 있는 실력 때문이다. 일반 자동차가 이곳에서 수리를 받았다가 지방에서 고장이 나면 해당 지역의 정비사가 출장을 가서 손을 보는 시스템까지 갖춰 신뢰도도 만점이다.

중앙고속 정비 창고에서 치료를 받는 일반 차들은 하루 40대 정도, 연간 8,000대에 이른다.

혁신, 무척 어렵고 아주 좋은 것

우리나라에 처음 고속도로가 개통된 건 1970년이다. 중앙고속은 이듬해 3월 고 박정희 대통령이 대한민국재향군인회에 7,000만 원을 출자하면서 그 산하 업체로 만들어졌다. 재향군인회의 목적 사업 활동을 위한 재원을 마련하기 위한 여러 산하 업체 가운데 규모가 가장 크다. 중앙고속의 사업 분야는 여객, 화물, 운송 중심의 고속버스 사업과 정비사업, 국내외 및 안보

▶ 일상점검·편도점검·일일점검 등 빗장처럼 이뤄지는 정비시스템에서 사고란 있을 수 없다.

다섯번째 이야기
중앙고속

▶ 승객과 동료의 안전은 내가 책임진다.

관광 위주의 관광사업으로 나뉜다. 재향군인회 산하 단체라는 특성상 군 출신 인력이 많다. 어쩌면 그 점이 혁신을 하기에 더 유리했을 수도 있다. 혁신의 가장 중요한 토대는 구성원의 시선이 같은 곳을 보고 있어야 하기 때문이다.

2) 수명을 연장하기 위해 엔진을 정비하는 작업

STORY 5th

"혁신이라는 게 굉장히 어려워요. 왜냐면 서 있는 위치가 다르기 때문입니다. 상대방의 입장을 받아들이기가 쉽지 않아요. 알아야 하고, 이해해야 하고 그런 다음 공감을 해야 진정으로 이해하는 것인데, 노와 사라는 게 공동운명체이지만 입장은 다를 수밖에 없잖아요. 그런데 만약 공동의 운명을 공유하고 서로에 대한 이해가 이뤄지면 별로 어려울 게 없어요. 의식의 변화가 생기면 새로운 시각을 갖는 거라고 생각합니다. 관계의 문제를 해결하는 것은 새로운 것을 보는 게 아니라 새롭게 보는 것에서 시작될 경우가 많습니다."

최용휴 팀장은 그 '이해'라는 혁신의 첫 단추를 꿰기 위해, 노사 모두 많은 노력을 기울였다고 말했다. 과거 가부장적이고 대립적이었던 노사관계가 IMF 때를 거치면서 화합의 기틀을 마련하고 2002년 이후 상생의 관계를 일궈온 비결은 이해였다. 대표이사와 노조 위원장이 매주 독대해서 허심탄회한 대화를 나눈다거나, 워크숍이나 간담회를 통해 현장의 목소리에 귀를 기울이는 것 모두 서로를 이해하기 위한 과정이었다. 이런 과정이 없었다면 비정규직 문제와 같은 난제를 쉽게 해결할 수는 없는 노릇이다.

"많은 어려움에도 불구하고 작업장혁신을 해야

▶ 중앙고속이 펼친 혁신의 첫 단추는 노사 간 '이해'였다.

모범사례집

STORY 5th

▶ 중앙고속 임직원은 1사1촌 자매결연을 통해 농번기 때마다 농촌 일손 돕기에 나서고 있다.

하는 이유는 간단합니다. 그것이 옳기 때문입니다. 기업이란 이익을 내야 의미가 있죠. 그렇다고 해서 이익이 최고의 목표는 아닙니다. 일하는 사람들과 고객, 저희에겐 승객이 되겠죠, 모두 행복해야 합니다. (고객과 직원의) 만족과 안전이라는 키워드는 모두 행복에서 나온 것입니다."

정리하자면, 물론 현장에서 나온 모든 목소리들이 다 현실화될 수는 없다. 운수업의 특성상 주말 근무는 '원죄'와도 같은 것이고, 하늘 높은 줄 모르고 치솟는 대학 등록금을 모든 직원 자녀들에게 전액 지원하고 싶지만 배보다 배꼽을 더 키울 수는 없는 노릇이다. 정년을 연장하는 것 역시 마찬가지다.

하지만 직원 민족과 공동 운명체라는 '새로운' 관점에서 보면 해결책은 보인다. 선배들의 양보로 어린 아이를 둔 젊은 승무원들이 주말 나들이를 갈 수 있게 되었고, 대학 등록금 역시 지난해보다 40만 원 인상된 학기당 180만 원 정도를 지원하고 있다. 높은 임금과 오랜 안전 운행이라는 두 마리 토끼 역시 정년을 조금 연장하고 퇴임 후 다시 촉탁하는 형식으로 모두 잡았다. 현재 정년 후 촉탁률은 90%에 달한다.

시장에만 블루오션이 있는 것이 아니다. 새로운 상상력은 시장에만, 이익을 남기기 위해 물건을 만들고 팔 때만 필요한 것이 아니란 얘기다. 새로운 시각과 상상력은 도저히 풀 수 없을 것만 같았던 문제를 풀 때에도, 눈앞의 이익이 아니라 저 높은 곳의 목표를 성취할 때도 필요하다.

다섯번째 이야기
중앙고속

Mini interview

중앙고속
박용득 대표이사

Q 작업장혁신에 참여한 직원들에게 전하고 싶은 말이 있다면.

"노사관계가 좋아야 회사도 잘 되는 것 아니겠습니까? 노사관계의 가장 중요한 요소는 신뢰잖아요. 신뢰를 돈독히 하기에 가장 좋은 건 투명한 경영이라고 생각합니다. 누구든, 어디서든, 회사의 경영 상태를 확인할 수 있도록 한 이유는 참여경영을 통해 최선의 노력과 최대의 성과를 올리기 위함입니다. 노사가 서로 신뢰하지 못하는 기업은 고객의 신뢰를 절대 받을 수 없습니다. 이러한 노사관계의 결과가 바로 지금 우리의 모습입니다. 진심을 믿어준 임직원들에게 감사드립니다."

Q 작업장혁신 과정에서 특히 주안점을 둔 부분은.

"우리 고속버스든 일반 버스나 트럭이든, 기사와 승객을 안전하게 모시는 손과 발 같은 거잖아요. 아무런 이상 없이 무사히 원하는 곳까지 가는 것은 기본 중의 기본에 불과합니다. 기본이 지켜져야 고객이 행복하고, 저희도 행복하지요. 기본을 지키는 일이 가장 쉬우면서 어렵죠. 자동차를 정비하는 것은 누군가의 재산 가치를 보전하는 작업이기도 해요. 우리 차든 남의 차든, 그 가치를 높이고 지키자는 의미에서 '무결점정비'라는 말이 나온 겁니다. 저희의 자존심이기도 하고요."

중앙고속
전병문 정비부장

모범사례집

6th STORY | 현장·소통 외면한 혁신은 연목구어(緣木求魚)일 뿐
축산물품질평가원

참여와 소통은 그 자체로 혁신이다. 상하좌우로 거침없이 소통하고 구성원들이 적극적으로 참여하는 조직에서 혁신은 절로 이뤄진다. 참여와 소통을 혁신의 출발점이자 궁극적 목표라고 하는 것은 이 때문이다. 하지만 안타깝게도 이런 조직은 거의 없다. 그래서 필요한 게 외부 자극이다. 물론 내부적 필요에 의해 변화를 택하는 조직도 있다. 중요한 것은 참여와 소통의 깊이다. 축산물품질평가원(원장 최형규)에서 이뤄지는 혁신의 깊이는 그 끝을 헤아리기 힘들 정도다.

업종 등급판정업
근로자 수 254명
연혁
1989. 4 정부로부터 축산물등급판정사업수임 및 시행착수
2009. 12 노동부 노사상생 양보교섭 실천기업 인증 획득
2010. 1 축산물품질평가원으로 명칭 변경(축산법 개정)
소개
축산물품질평가원은 쇠고기·돼지고기·닭고기와 계란에 대한 등급판정업무를 수행하고 있다.
또한 등급판정결과를 인터넷, 휴대폰 등을 통해 실시간 제공함으로써 도·소매 단계에서 거래의 지표를 제시하고 축산물품질의 고급화를 유도하고 있다. 현재 축산물의 생산·유통·소비단계에서 최고의 서비스 전문기관으로 국민들의 전폭적인 신뢰를 얻고 있다.

처음엔 스트레스였다. 뭘 바꿔야 하는지 왜 변해야 하는지 몰랐기 때문이다. 일이 많아지는 것도 부담이었다. 본연의 업무만으로도 하루해가 짧을 지경인데 따로 짬을 내 공부도 하고 사회 공헌 활동도 하라니 죽을 맛이었다.

그도 그럴 법했다. 축산물품질평가원은 군포에 위치한 본원 외에도 전국 거점 지역에 10개 지원, 23개 출장소를 두고 있다. 전체 직원 254명 가운데 50여 명만이 본원에서 근무한다. 나머지 200여 명은 각 지원 및 출장소, 그리고 일반 작업장에서 파견 근무 중이다. 고객 접점 서비스를 제공하는 중요한 한 축을 담당하고 있는 셈이다. 그들은 이른바 혐오 시설로 통하는 도계장, 도축장, 계란 집하장 등에서 일한다. 주업무는 쇠고기·돼지고기·닭고기·계란에 대한 등급 판정이다. 축산 농가의 손익과 직결되는 예민한 업무다보니 현장은 그야말로 말도 많고 탈도 많을 수밖에 없다. 업무를 마치고 나면 심신은 녹초가 되고 만다. 이런 직원들을 상대로 백날 혁신을 떠들어봤자 귀가 열릴 리 만무했다.

▶ 최형규 원장은 유연하고 협력적인 조직 문화 구축과 창조적 인재 양성만이 조직 경쟁력을 높일 수 있다고 강조한다.

모범사례집

STORY | 6th

혁신의 불청객, 막연한 두려움

이 같은 정서는 본원이라고 해서 크게 다르지 않았다. 지역 현장이 인체의 혈관이라면 본원은 심장과도 같다. 본원은 현장에서 올라온 축산물 DNA와 등급 판정 결과 등을 한데 모아 데이터베이스화하는데, 등급 판정 결과는 인터넷과 휴대폰 등을 통해 고객에게 실시간으로 제공한다. 축산물 등급에 관한 각종 정보를 수집해 수요자들에게 공급하는 역할을 하고 있는 것이다(365일 24시간 열려 있는 평가원의 등급 정보 제공 서비스는 접근성·편리성·신뢰성 등에서 국내 최고 수준으로 평가받는다). 지속적인 축산물 등급 판정 기술의 개발과 축산물등급판정사 양성은 물론 쇠고기이력추적, 우수축산물 브랜드육성, 품질고급화장려금 지원 등도 본원의 몫이다. 여기에 혁신 과제까지 추가된다고 하니 직원들의 걱정은 이만저만이 아니었다.

이쯤에서 평가원의 다소 특이한 이력을 잠시 짚고 넘어갈 필요가 있다. 평가원은 몇 년 전까지만 해도 공공기관으로 불리지 않았다. 그러다 국내 축산물의 국제 경쟁력 제고와 국민에게 안전하고 신뢰할 수 있는 먹거리 제공이 시급하다는 사회적 인식이 확산되면서 평가원은 지난 2007년 4월 공공기관의 운영에 관한 법률에 의거 준정부기관으로 지정되기에 이른다. 이때부터 외부 자극이 가해지기 시작한 것이다.

공공기관으로 신분이 바뀌자 정체성에도 혼란이 일었다. 양복에 갓을 쓴 느낌이랄까. 이내 평가원을 괴롭힌 단어는 '효율성'이었다. 업무에도, 인력 운용에도 늘 효율성이란 단어가 따라 붙었다. 직원들에게 그것은 불청객이나 다름없었다. 특히 인력 효율성은 평화롭던 노사관계에 뻘쭘한 분위기를 연출했다.

"정부의 공공기관 선진화 정책에 따라 우리 원도 어떤 식으로든 인력 효율화를 꾀해야만 했습니다. 그것이 인력 감축으로 이어지지 않도록 하려면 변화가 불가피했어요. 스스로 바꾸지 않으면 안 된다는 인식에는 어느 정도 공감

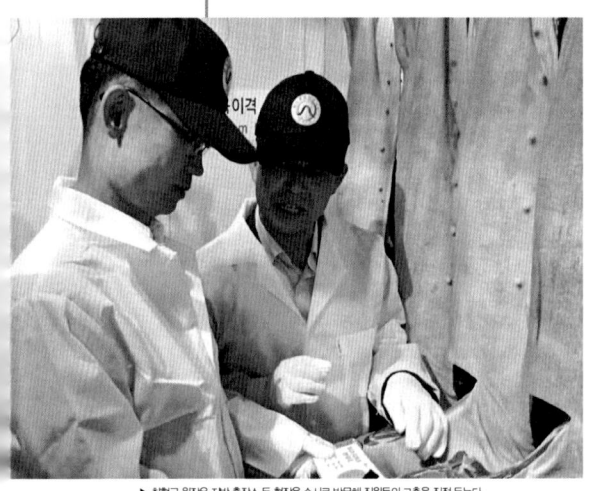

▶ 최형규 원장은 지방 출장소 등 현장을 수시로 방문해 직원들의 고충을 직접 듣는다.

여섯번째 이야기
축산물품질평가원

▶ 2010년 4월 창립 21주년을 맞은 평가원은 '고객과 함께 축산물의 가치를 새롭게 창조하는 최고의 품질평가 전문기관' 이란 새로운 비전을 대내외에 선포했다.

대가 형성됐지만 방법을 찾기가 힘들었습니다. 공공기관에 걸맞은 역할과 활동을 해야 한다는 필요성을 느낄 정도였죠."(최승덕 경영지원본부장)

"얼마만큼 마인드를 바꿔나갈 수 있을지, 구체적으로 어떻게 풀어야 할지 고민이 컸습니다. 인력 효율화란 말에 조합원들의 반발이 보통이 아니었어요. 하지만 경영진에서 이런저런 대안을 제시하고 관련 교육도 진행하면서 서서히 공감대가 형성됐습니다. 우리가 먼저 변하지 않고서는 강제적인 인력 감축 등에서 자유로울 수 없다는 위기의식이 확산된 것이죠."(장동현 노조 위원장)

이렇듯 축산물품질평가원의 작업장혁신은 '어떻게 하면 공공기관으로서의 책임과 역할을 다할 수 있을까'에 방점을 두고 출발했다. 동시에 그것의 시선은 축산물의 생산·유통·소비에 직·간접적으로 참여하는 모든 고객을 향해 있었다. 평가원의 변화와 혁신은 결국 '고객 만족'을 극대화해야 한다는 소명의식에서 비롯됐다고 할 수 있다.

STORY 6th
모범사례집

142일 걸리던 교섭, 9일로 줄이기까지

작업장혁신의 첫 단추는 노사관계 선진화였다. 어색해진 노사 간 분위기를 다잡지 않은 채 혁신을 논하기란 불가능하다는 판단에서였다. 답은 현장에 있었다. 이재용 전임 원장은 물론 2010년 3월 취임한 최형규 원장 역시 수시로 현장을 찾았다. 지방 출장소까지 꼼꼼히 챙기는 수고도 마다하지 않았다. 직원들의 고충을 직접 듣겠다는 취지였다. 현장과의 소통은 현장간담회 등의 형식을 빌리긴 했지만 틀에 얽매이지 않고 자연스런 분위기 속에서 진행됐다. 이러면서 직원들의 마음도 서서히 움직이기 시작했다.

노사발전위원회로 통칭되는 산업안전보건위원회, 퇴직연금위원회, 고령자 고용안정프로그램 컨설팅 노사공동TF팀 등의 채널도 노사 간 소통의 윤활유 역할을 해줬다. 이들 모임은 현장 근무자의 건강과 안전을 지키고, 근로자의 노후 소득 보장과 생활 안정을 도모하는 한편 훗날 직원들의 고용 안정까지 배려한 노사 공동 참여 기구다.

노무 관리의 전문화 및 역량 강화 프로그램은 노사관계 효율성을 높이는 데 힘을 보탰다. 특히 노무 관계 전문가 양성·교육 프로그램은 단체협상 등에서 노무 관리의 전문성을 향상시키는 데 크게 기여했다는 평가다. 외부의 다양한 교육 과정을 십분 활용하고 타사업장의 모범사례를 적극 벤치마킹했던 게 주효했다. 이러한 노력은 지난 2009년 임·단협에서 가시적인 성과로 나타났다. 노사가 교섭에 들인 시간은 단 9일. 2006년 142일, 2007년 105일, 2008년

▶ 평가원은 노사 간 각종 협의회를 통해 직원들의 고충처리 등 내부 고객 만족도 향상에 힘쓰고 있다.

76일이었던 데 비하면 그야말로 드라마틱한 반전을 이뤄낸 것이다. 하지만 알고 보면 그리 놀랄 일도 아니다. 참여와 소통의 토양 위에 전문성이란 씨앗을 뿌렸더니 노사 상생·협력이란 열매를 맺은 것뿐이다. 노사는 본교섭 전 협의 안건에 대해 사전 이해도를 높이는 절차를 여러 차례 밟은 것으로 알려졌다. 또 원활한 협상 진행과 생산성 향상을 위해 노사 실무 협의단 구성을 임·단협과 제도 혁신 부문으로 이원화하는 묘안을 짜내기도 했다. 이는 기관 효율성 제고라는 대명제 아래 기존 불합리했던 단체협약 내용을 깡그리 걷어내는 강수로 이어졌다. 노조 입장에선 분명 초강수였다. 그럼에도 조합원 93.7%가 찬성표를 던졌다. 그 결과 2009년 단체협약에서 노사는 인사권 및 경영권 침해, 노조 활동의 과도한 보장, 과도한 임금 및 근로조건, 법과 원칙에 맞지 않는 부문 등을 명시한 조문을 대폭 삭제하거나 개정하는 데 합의했다. 이뿐만이 아니다. 노사는 전직원 연봉제 확대 실시, 임금피크제 도입, 성과급 차등 지급에도 사인했다. 사안 하나하나가 엄청난 폭발력을 지닌 것들로, 타사업장 같으면 지난한 힘겨루기에 돌입하고도 남을 만한 핫이슈들이다. 최승덕 본부장이 노사관계 선진화의 공을 고스란히 노조에 돌리는 것은 이런 이유에서다.

STORY 6th

직원 투자, 반드시 효율성으로 돌아온다

작업장혁신을 수행하기 위해 평가원에 부여된 두 번째 미션은 내부 고객 만족도 향상. 평가원은 그 첫머리에 '직원 휴가 보내기'를 올려놨다. 사용하지 못하는 휴가 일수를 최소화해 직원들이 보다 행복한 삶을 영위하도록 하겠다는 뜻이다. 휴일 근로에 따른 대체휴무 실시, 연차휴가 사용 촉진 등이 그 일환이다. 인사규정 및 복무규정을 개정해 육아휴직 등 모성 보호 및 남녀 차별 금지를 강화한 것도 같은 맥락이다.

직원들의 고충 처리를 위한 창구를 별도로 마련한 섬세함도 눈에 띈다. 이 창구는 타사업장에서도 어렵잖게 찾아볼 수 있는, 먼지가 자욱이 앉아 있거나 안쪽이 휑한 '소리함' 따위와는 근본적으로 다르다. 직원들 고충 처리에 노사는 매사 진지하고 적극적으로 임한다. 평가원은 고충처리위원회 말고도 노사협의회·노사대표협의회·노사간담회·노사발전위원회·청년이사회·여직원간담회·신입직원간담회 등이 유기적으로 연계돼 직원들의 고충을 파악하고 대책 수립에 나선다. 고충이 파악되면 재빨리 대책을 수립하고 해당 직원에게 즉시 회신한다. 고충처리의 생명은 신속성이라고 믿기 때문이다. 직원들이 자유롭게 의견을 주고받을 수 있는 'KMS(Knowledge Management System) 토론방'과 '퇴직직원과의 대화'도 고충 처리 창구로 활용되고 있다.

직원을 향한 사측의 배려는 노조 홈페이지에까지 뻗쳐 있다. 전자 투표 시스템을 개발해 노조의 직접·비밀·무기명 투표를 활성화한 것이다. 그러자 개표 등에 필요한 시간과 노력이 크게 줄면서 업무 효율성이 덩달아 높아졌다. 평가원은 이밖에도 뉴패러다임센터와 공동으로 평생학습체계를 구축하고 등급판정 전문강사 제도를 운영하는 등 직원들의 직무 역량 강화에도 힘 쏟고 있다. 아울러 중장기적인 학습 마스터플랜을 수립하는 한편 교육 관리부서 일원화와 예측 가능한 교육 계획 수립을 통해 교육 효과의 극대화를 꾀하고 있다.

작업장혁신의 마지막 단추는 커뮤니케이션 기능 강화로 채웠다. 이 과정에서 노사가 직접 캐치프레이즈를 선정, 조직 문화 개선에 앞장서는 모습은 특히 인상적이다. 노사는 2007년 '마음을 열면 우리가 보여

▶ 평가원의 주업무는 쇠고기·돼지고기·닭고기·계란에 대한 등급 판정이다.

모범사례집
STORY 6th

요!', 2008년 '오늘의 Reader! 내일의 Leader!', 2009년 '함께해요 Running 2009' 등 기관 실정에 맞는 연도별 캐치프레이즈를 내걸고 그에 따른 실천 과제를 수립, 실행에 옮기고 있다. 여기서 그쳤다면 작업장혁신이란 타이틀이 무색했을 터다. 평가원은 캐치프레이즈의 실천 내용을 틈틈이 점검하고 직원 만족도 조사도 병행했다. 뿐만 아니라 실천 내용별 추진 효과를 세세히 분석해 이듬해 목표와 실천 과제를 도출하는 철두철미함을 보였다. 계획이 실천을 낳고 그것이 다시 더 나은 실천으로 이어지는 선순환 고리를 노사가 함께 만들어간 것이다.

혁신을 넘어 즐거운 직장으로

조직 일체감 조성에는 기관의 특성을 반영한 사회 공헌 활동이 효자노릇을 톡톡히 하고 있다. 축산농가 컨설팅, 작업장 환경 미화 활동 등이 대표적이다. 축산농가 컨설팅은 가축 사양 관리 요령을 지도함으로써 효율적 농가 운영을 돕기 위해, 작업장 환경 미화 활동은 도계장·도축장 등의 열악한 작업 환경을 개선하기 위해 시작됐다. 이밖에도 1지원 1후원을 통해 주말 또는 일과 후 해당 지역 복지 시설에서 자원 봉사를 벌이고 있다. 한 가지 주목할 것은 사회 공헌 활동 분야를 선정하는 데 있어서도 전직원의 의

여섯번째 이야기
축산물품질평가원

▶ 직원 간 소통의 벽을 허문 순간 조직의 힘은 배가 된다.

견을 수렴한다는 점이다. 어느 것 하나 경영진의 일방통행식 의사결정에 의존하는 법이 없다. 이렇다 보니 직원들의 참여도가 높을 수밖에 없는 것이다.

"유연하고 협력적인 조직 문화 구축과 창조적 인재 양성만이 조직 경쟁력을 높일 수 있습니다. 우리 스스로 프로페셔널이 됩시다."

이는 최형규 원장이 올 초 취임사에서 강조한 것으로, 창조적 핵심 인력 양성 프로그램(PPK-1)의 탄생 배경이 되기도 했다. 즐거운

STORY 6th

▶ 직원 가족들도 기관에 대한 자긍심을 가질 수 있도록 다양한 가족 참여 프로그램이 마련돼 있다.

직장(GWP, Great Work Place)을 만들기 위한 노력도 비슷한 시기에 스타트를 끊었다. 가족들까지도 기관에 대해 자긍심을 가질 수 있도록 한 문화 공간(Culture Sharing), 직원 자녀들의 부모님 일터 찾기, 체육 행사 등의 프로그램은 직원들의 삶의 질 향상과 즐거운 직장 만들기를 측면 지원하고 있다. 변화를 즐길 줄 아는 도전의식, 예스(yes) 또는 노(no)를 분명히 말할 수 있는 수평적 분위기는 이제 평가원을 상징하는 조직 문화로 자리 잡았다. 보다 질 높은 혁신이 기대되는 이유가 바로 여기 있다. 축산물품질평가원의 작업장혁신에서는 생소한 용어도, 기반한 프로그램도 찾아보기 어렵다. 그럼에도 많은 전문가들은 평가원의 혁신

을 높이 평가하고 있다. 왜일까. 그 답 또한 현장에 있다. 평가원은 현장과의 쉼 없는 소통을 통해 직원들의 자발적 참여를 이끌어낼 수 있었다. '모든 문제와 답은 현장에 있다'는 현장제일주의를 몸소 실천한 것이다. 만약 평가원이 '피비린내 나는' 현장을 외면했다면 작업장

▶ 파종을 위해 직원들과 함께 직접 곡괭이질을 하고 있는 최형규 원장

혁신은 헛구호에 그쳤을 게 분명하다. 평가원은 축산물 부문을 넘어 공공기관 가운데 최고의 서비스 기관을 꿈꾸고 있다. 현장에 천착하려는 노력을 게을리 하지 않는 한 그것은 더 이상 꿈이 아니다.

축산물품질평가원
최승덕 경영지원본부장

Q 어떤 계기로 작업장혁신을 추진하게 됐나요.

우리 원은 국가를 대신해서 국민들에게 봉사하는 기관인데, 공공기관으로 편입된 지 얼마 안 돼서인지 공복(公僕)이란 인식이 부족했어요. 인식을 바꾸기 위해선 현장에서부터의 혁신이 절실했습니다. 그 열쇠는 직원들과의 공감대 형성이 쥐고 있었고요.

Q 작업장혁신 과정에서 가장 기억에 남는 일이 있다면.

2009년 단체교섭 결과에 대해 노조(직원들)가 압도적인 지지를 보내주던 모습에 정말이지 큰 감동을 받았습니다. 노사관계 선진화란 게 말처럼 쉽지 않은데, 고맙게도 우리 직원들이 대승적 결단을 내려준 겁니다. 노사관계가 이렇게 든든한 버팀목 역할을 해주는데 공공기관 선진화인들 힘에 부칠 리 있겠습니까.

Q 안타까운 점도 있었을 텐데요.

현장 소통 과정에서 특별히 어려운 점은 없었어요. 다만 그토록 애써준 직원들이 다른 공공기관에 비해 상대적으로 열악한 환경에 있다는 사실이 못내 안타깝습니다. 복지후생 등에서 최하위 수준이거든요. 작업장혁신을 계기로 공공기관 선진화를 지속적으로 일궈낸다면 좋은 일이 있겠죠.(웃음)

Q 작업장혁신에 미온적인 사업장에 권하고 싶은 말이 있다면.

흔히 혁신을 얘기할 때 적자생존의 절박함과 인내가 자주 오르내립니다. 하지만 혁신은 즐거운 것입니다. 혁신 초기 다양한 제도 개혁과 새로운 업무가 낯설게 느껴질 수도 있지만 꾸준히 혁신을 하다 보면 다양한 교육과 자기성찰 속에서 즐거움을 찾으리라 확신합니다.

여섯번째 이야기
축산물품질평가원

축산물품질평가원
장동현 노조 위원장

Q 작업장혁신 이전 평가원은 어떤 모습이었나요.

권위적인 문화가 팽배해 있었습니다. 정부 일을 위탁받아 수행한다는 우월감이랄까, 뭐 그런 거였죠. 고객이란 개념조차 정립되지 않았으니까요. 정부 일을 대신하고 있지만 그 사업의 대상이 고객이고 국민이란 사실을 간과하고 있었습니다. 물론 지금은 그렇지 않지만요.(웃음)

Q 조합원을 설득하고 공감대를 형성하는 과정이 쉽지 않았을 텐데요.

굉장한 스트레스였죠. 가뜩이나 공공기관 선진화다 뭐다 해서 어수선한데, 혁신이란 카드까지 들고 나오니 '이거 인원 감축하려는 거 아냐'하는 의구심도 들었고요. 그런데 조합원들이 예상 외로 마음의 문을 쉽게 열었어요. 우리 모두를 위해 혁신이 필요하다는 인식이 조합원들 사이에 빠른 속도로 확산된 겁니다. 현장과 끊임없이 소통하려는 사측의 노력도 한몫했고요.

Q 빠른 공감대 형성이 가능했던 원동력은 무엇인가요.

대다수 직원이 열악한 근무환경에서 일하지만 사명감 하나만은 정말 투철합니다. 국민들의 먹거리가 위생적이고 투명하게 관리되도록 하는 데 중요한 역할을 하고 있다는 사명감 말입니다. 국민을 위해 혁신이 필요하다면 웬만한 어려움정도는 견디고 이겨내자는 소명의식이 뒷받침됐던 거죠.

Q 작업장혁신의 가장 큰 성과를 꼽는다면.

노사 간 믿음의 깊이가 확연히 달라졌습니다. 서로 소통하고 함께하는 분위기가 조성되고 나면 노사상생은 기본이고 업무 효율성, 나아가 고객 만족까지 자연스레 따라오는 것 같습니다. 우리 원이 실제로 그렇게 가고 있고요. 최고의 서비스를 제공하는 1등 공공기관, 머지않았다고 믿습니다.

모범사례집

7th STORY | 인력 효율화 바람, 한파 녹이고 신바람 일터 만들다
청주의료원

성공 신화의 주인공이 되고 싶은가. 그렇다면 곤경에 처하고 위기가 되풀이되더라도 흐트러진 마음가짐만큼은 피해라. 그리고 곤란한 상황을 어떻게, 왜 벗어나야 하는지부터 따져보라. 끝없는 추락 속에서도 반드시 살 길은 보일 것이다. 100년 역사를 자랑하는 청주의료원도 한땐 구조조정 등 끝이 보이지 않는 암흑의 세월 속에 갇혔다. 그러나 어느 샌가 어둠 속에서 탈출해 충청북도를 '건강하고 행복한 지역'으로 건설했다. 직원이 행복한 병원이 되고 보니 주민 발길도 갑절로 늘어난 청주의료원의 신화, 지금 시작한다.

업종 종합병원
근로자 수 398명
연혁
1909 관립자혜의원(병원) 개설
2005 충청북도 청주의료원(지방공사 →특수법인)으로 전환
2010 신종플루대응 유공 국무총리 포상
소개
청주의료원은 1층 106실 416개의 허가병상, 200여 개의 외래 진료실, 18개의 진료과(진단방사의학과, 진단방사선과 포함), 5개의 간접 진료실을 구축한 종합 의료기관이다. 22명의 의사를 포함하여 총 235명의 직원이 활동하고 있다. 전문적 치료와 환자의 빠른 회복을 위하여 양한방 협진 진료시스템을 구축했고 최신 의료장비와 PACS, 임상병리 자동화 라인 등 첨단 의료 인프라를 구성해 지역주민의 보건 향상에 기여하고 있다.

10년은 강산이 변한다는 시간이다. 청주의료원 노사는 독한 맘으로 강산이 변할 동안 미래의 가능성과 눈부신 성장만을 쫓아왔다. 한 순간의 편안함, 눈앞의 작은 이익에 발목 잡히지 않았다. 1997년 구조조정 풍파, 2001년 매출 적자 등이 청주의료원 노사를 매섭게 괴롭혔다. 그래도 주저앉지 않았다. 괴롭힘이 심해질수록 노사의 힘은 더욱 커졌다. 지난 10년 간의 악몽에서 깨어나 '2009년 작업장혁신 우수기업'으로 인증받기까지 노사의 노력을 살펴보면 탄성이 절로 터져 나온다.

▶ 청주의료원은 의학과 한의학의 협진 진료로 우수한 의료서비스를 제공하고 있다.

희망을 위해 함께 만드는 **아름다운 하모니**

STORY 7th

좌절밖에 없던 시절

처음 불어온 강풍은 구조조정이었다. 1997년 청주의료원 풍경은 쓸쓸하다 못해 스산했다. 당시 파견 근무를 나와 정착한 공무원 중 무려 30% 넘게 감축된 것이다. 이유는 경영 악화였다. 1993년 현 부지로 본관을 신축한 데다 수익은 좀처럼 증가하지 않아 '한 식구' 같은 직원들을 떠나보내야 했던 것. 한 식구처럼 일했던 직원들이 짐 싸는 모습을 보고 있자니 구조조정에서 살아남은 이들은 더 착잡했다. 비운 자리를 마냥 둘 수만도 없어 일부는 새 얼굴로 채웠다. 떠난 이들의 기억은 그림자처럼 남아 모든 직원들에게 상처가 됐다. 그만큼 서로에 대한 벽도 하늘만큼 높아져갔다.

엎친 데 덮친 격으로 또 한 번의 악재가 청주의료원을 흔들었다. 2000년 의약분업 때문에 청주의료원 진료 시스템에 큰 구멍이 났다. 의료진 중 12명이 '생존'을 찾아 개원을 선택한 것.

병원이 문을 열었다 한들 진료할 의사가 없으니 어찌 피해가 없겠는가. 청주의료원의 진정한 주인인 지역 주민들이 그 불편함을 고스란히 떠안았다. 하늘도 무심한 건지, '진료의 공백'이라는 절체절명의 상황을 겨우 이겨내나 싶었던 2001년에는 '적자' 때문에 혹독한 해를 보내야 했고 '주40시간 근무제' 도입으로 경영 상태는 걷잡을 수 없는 소용돌이에 휘말리는 듯했다. 충청북도의 의료 메카라는 지난날의 영광은 꺼질 것 같은 불씨로 겨우 명맥을 유지해나갔다.

그렇게 지옥 같은 시간이 흐르고 흘러 2005년 9대 조의현 원장이 취임했다. 여전히 청주의료원은 관료의식 팽배, 사기 저하, 매출 부진의 늪에서 헤어 나오지 못했다. 조 원장의 손으로 빠져나올 길을 터야만 했다. 우선 병원 수익의 보증수표인 장례식장을 강화함으로써 '직원들의 사기 고취'와 '매출 증대'라는 두 마리 토끼를 잡기로 했다. 조 원장이 '장례식장 리모델링' 계획을 발표했을 때 안팎에서 걱정이 많았다. 안 그래도 장례식장 수입으로 겨우 살아가는데, 그 문을 아예 닫아버리자니 얼마나 청천벽력 같은 일인가. 장례식장으로 벌어들이는 돈이 1년 매출의 30%를 차지하니 말이다. 병원 경영에 능통한 사람이라면 한 푼이 아쉬운 상황에서 안정적 수익을 가져다주는 장례식장 운영을 일시 중지하는 것이 얼마나 무모한지 잘 알 것이다.

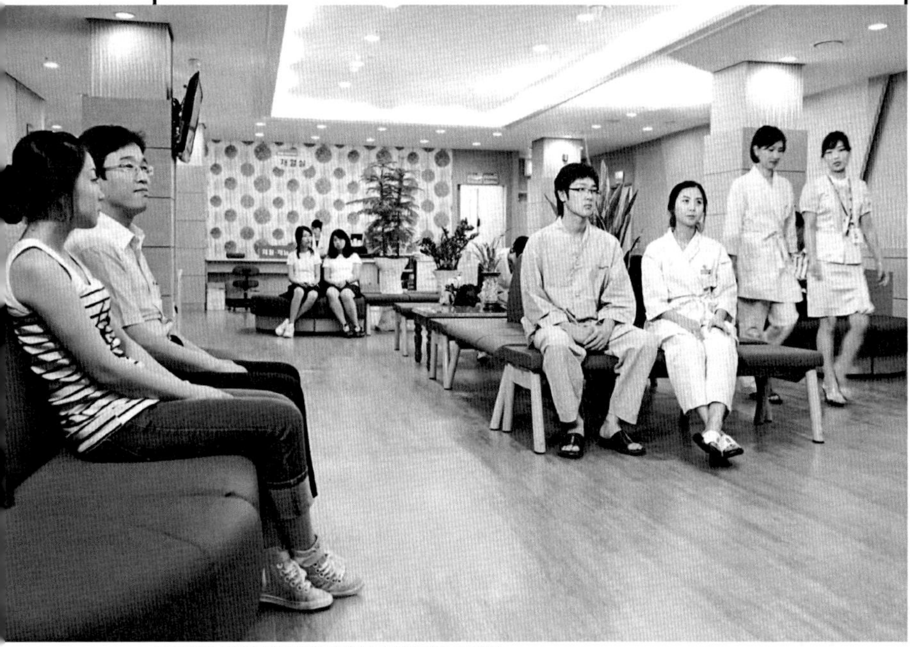

▶ 진료가 많은 시간대에 인력을 효율적으로 투입함으로써 환자의 불편을 최소화했다.

그래도 일단 장례식장 리모델링 공사는 시작됐다. 2006년 5월 대대적인 공사가 끝난 뒤 조 원장의 예상대로 장례식장의 가치는 치솟았다. 개장 후 최신식 시설로 중무장한 장례식장 매출은 무려 2배로 껑충 뛰었다. 잠시의 고통을 슬기롭게 참아낸 인내의 열매라 하겠다. 또한 '장례식장 운영에 일일이 간섭하지 않겠다'는 조 원장의 선언은 기폭제가 됐다. 감 놔라 배 놔라하는 잔소리가 없으니 창의적 아이디어들이 빛을 보기 시작했다. 그야말로 '전문가'가 '즐겁게' 일하는 환경이 조성됐다. 이는 인력 활용의 대변혁을 예고하는 신호탄이었다.

STORY 7th

보이지 않았던 직원들의 힘을 믿어라

이제 겨우 한 고비를 넘겼을 뿐인데 청주의료원 분위기가 확 바뀌었다. 적자에서 벗어나 경영이 안정되니 직원들 얼굴엔 여유가 보이기 시작했다. 흑자 전환으로 급한 불은 껐으니 먼 하늘을 올려다 볼 차례. 청주의료원은 평범한 공공의료기관으로 남을 것이냐, 공익성을 겸비한 최고의 의료기관으로 도약할 것이냐는 기로에 서 있었다.

지난 고통의 시간은 100년 역사 속에서는 스치는 찰나에 불과했다. 많이 넘어지긴 했어도 그때마다 청조의료원은 우뚝 일어섰다. 바로 '리더십'과 '직원들의 힘'으로 말이다. 둘의 하모니는 작업장혁신 프로그램에서 절정에 달했다. 텅 빈 곳간 때문에 속상했던 날은 그야말로 옛 이야기다. 이제부턴 곳간에 곡식을 좀 더 많이 쌓는 방법, 곡식을 많은 이들에게 효율적으로 분배할 방법을 찾아야 한다. 청주의료원은 2008년부터 대대적인 작업장혁신 컨설팅을 실시했다. 직원들이 행복하게 일해야 곳간도 빨리 차고, 더 많은 이들에게 곡식을 나눠줄 수 있지 않은가.

직원들이 원하는 행복한 근무 환경은 무엇일까. 원무 직원들은 긴 근무시간, 경영지원팀 직원들은 동·하절기에 다른 출퇴근 시간과 정년에 대한 불안감을 느꼈다. 대부분 직원들도 제한적인 근무시간으로 인한 자기개발 기회의 부재, 초과 근로, 육아 문제 등을 불만으로 꼽았다. 해답은 작업장혁신이었다. 청주의료원 작업장혁신 방향은 유연근무제를 도입해 직원들의 입맛에 맞는 환경을 조성하는 것으로 결정됐다.

병원 조직은 여성 근로자 비중이 높다. 수호천사처럼 항상 환자를 돌보는 간호사, 건강검진센터 안내를 맡은 직원들, 치위생사, 조리원 등 여성들의 손길이 곳곳에서 필요하다. 우선 이들을 한 가족처럼 품어야 다음 단계의 발전이 가능하다. 그렇게 탄생한 단어가 바로 '원무직'이다. 청주의료원에는 '무기계약직'이라는 말 자체가 없다. 모든 직원이 '원무직'으로 불린다.

"무기계약직이라고 불리면 소속감이 결여될 수 있죠. 근무시간에 따른 급여체계만 다를 뿐, 청

일곱번째 이야기
청주의료원

▶ 청주의료원은 여성 간호사들이 육아 부담 없이 병원 업무에 집중할 수 있도록 유연근로제를 도입했다.

주의료원에서 일한다는 사명감은 모두 똑같이 갖고 있잖아요. 모든 직원들은 원무직이라고 불리는 것 외에 복지혜택도 같다는 공통점이 있습니다. 어찌 보면 별 게 아닐 수 있지만 법적으로 근로자가 누려야 할 혜택을 보호받기 때문에 직원들이 더욱 편하게 일할 수 있는 것 같습니다."(최문식 기획홍보팀장)

"근로자가 어떻게 하면 행복하고 즐겁게 일할 수 있을지 고민하는 사측의 모습에 감동받았습니다. 사측의 진심이 모든 근로자에게 전달돼 '참 행복한' 병원이 됐습니다. 청주의료원은 노사가 진심이 담긴 대화로 순조롭게 문제를 해결해나가고 있습니다. 대화의 힘이 큰 셈이죠."(조성훈 노동조합 부지부장 겸 임상병리사)

STORY 7th

작업장혁신, 유연근로제로 성취

소속감 강화에 성공한 청주의료원은 실질적인 작업장혁신 방안으로 '유연근로제'를 실행했다. 진료나 업무에 차질이 없는 범위 내에서 '유연근로제'를 각 직종과 부서 특성에 맞게 각색하기로 했다.

청주의료원 수익원의 핵심인 건강검진센터는 유연근로제 중 하나인 단시간 근로제를 도입해 톡톡히 재미를 봤다.

건강검진센터의 필요 인력은 방사선사, 치위생사, 임상병리사, 안내 직원 등이다. 보통 건강검진 업무는 오전에 70~80%가 이뤄지기 때문에 오전에 많은 인력이 필요하다. 바꿔 말하면 오후 업무는 상대적으로 한가해 적은 인력으로도 충분하다. 놓치지 말아야 할 점은 가정이 있는 여성 직원은 자녀들을 돌봐야 하기 때

유연근무제란?
일정한 시간과 장소 형태를 요구하는 정형화된 근무제도에서 탈피한 신축적인 근무제도

- **시차출퇴근제**
  핵심 근무시간을 제외하고 편리한 시간에 근무하는 시차출퇴근제

- **단시간근로제**
  집중근무시간대(4~5시간 정도)에 근무하는 단시간 근로형태

- **일일탄력근무제**
  월요일에서 금요일 내 탄력적으로 일일 근무시간을 조정하여 근무

- **집중근무제**
  1일 근무시간을 늘리는 대신 추가 휴일을 갖는 근무형태

- **한시적 근무제도**
  근로자가 원할 경우 근무시간의 일부를 줄여 단축 근무하는 형태

▶ 유연근로제 시행으로 근무 형태는 다르지만 무기계약직을 포함한 모든 직원들은 동일한 복지혜택을 누린다.

일곱번째 이야기
청주의료원

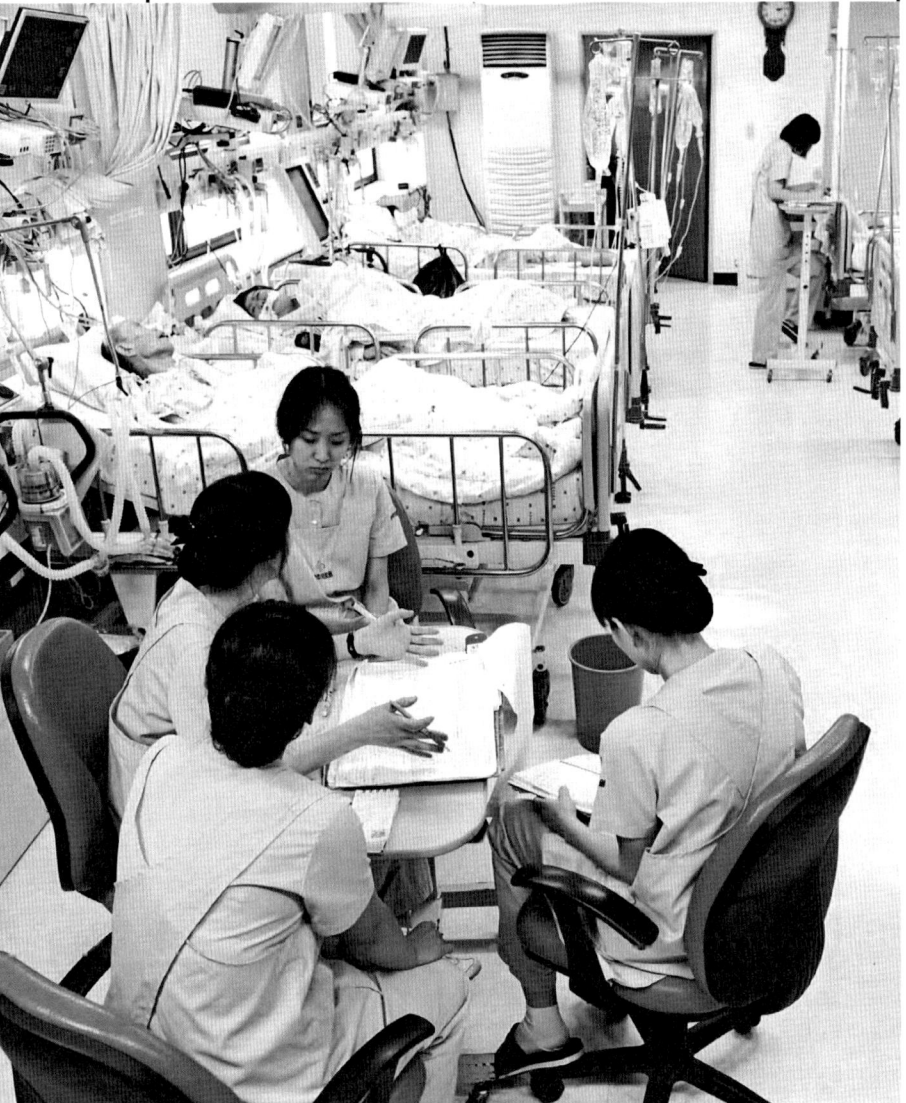

▶ 경력은 뛰어나지만 육아 부담으로 현장을 떠났던 여성 간호사들이 자립장혁신으로 의료 현장에 돌아오고 있다. 이는 환자들에게 수준 높은 의료 서비스를 제공하는 밑거름이 됐다.

STORY 7th

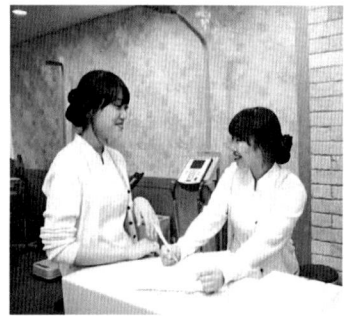

인력 구하기 너무 힘들다'는 한탄을 쏟아내지만 청주의료원은 사정이 다르다. 채용 공고를 낼 때마다 경험 많은 고급 여성 인력이 몰리기 때문이다.

병원의 아침은 일찍 시작한다. 환자들이 8시 30분부터 진료를 기다리기 때문이다. 빠른 진료와 최적의 인력 배치를 동시에 달성하기 위해 유연근무제 중 시차근무제와 일일탄력근무제를 선택했다.

시차출근무제와 일일탄력근무제는 직원의 희망에 따라 실시된다. 물리치료과와 치과 등 많은 부서에서 시차출근무제를 적용해 효율성을 높이고 있다. 본인이 원하는 시간에 출퇴근이 가능한 제도를 실시하고 있다. 또한 일주일에 한 번 3~4시간 일찍 퇴근할 수 있는 일일탄력

문에 오전 근무를 선호한다는 것이다. 작업장 혁신은 기혼 여성들의 안성맞춤 근무 조건을 찾는 데 집중됐다. 오전 집중근무시간대에 4~5시간 근무하고 퇴근하는 시스템을 적용해 기혼 여성들의 고민거리를 덜었다. 다른 병원들은 '

청주의료원에서 실시 중인 유연근로제 유형

시차출퇴근제	**시간유형을 확대하여 운영(8:30 ~ 17:30 기준)** • 출근 오전 7시 30분 ~ 퇴근 오후 4시 30분 • 출근 오전 8시 ~ 퇴근 오후 5시 • 출근 오전 9시 ~ 퇴근 오후 6시 • 출근 오전 9시 30분 ~ 퇴근 오후 6시 30분 • 출근 오전 10시 ~ 퇴근 오후 7시
일일 탄력근무제	**월요일 ~ 금요일 내 탄력적으로 일일 근무시간 조정** • 일일 4시간 범위 내에서 근무시간 조정 가능 • 주 40시간 근무시간 엄수

▶ 오전 시간에 인력을 집중 배치해 높은 수익을 올리고 있는 건강검진센터

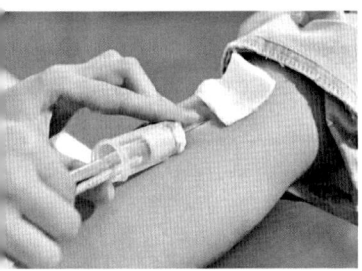

근무제는 여가 시간을 알뜰히 보내려는 직원들에게 큰 인기다. 일찍 퇴근한 시간만큼 주중 근무시간이 늘어나기 때문에 총근로시간은 전혀 변함이 없다.

두 제도가 특히 여성 근로자들에게 환영받은 이유는 육아와 취미생활 등이 충분히 보장됐기 때문이다. 자녀가 등교하는 시간에 맞춰 출근 시간을 조정할 수 있다. 또한 운동회, 학예회 등 자녀와 관련된 행사가 있을 때는 일찍 퇴근해 행복한 시간을 보낼 수 있다.

모범사례집

STORY 7th

"현재 직원들의 만족도는 매우 높습니다. 2011년에 제도화된다면 직원들이 더욱 적극적으로 활용할 것으로 기대됩니다. 그만큼 업무 효율성도 높아지리라 예상합니다. 편한 환경에서 근무하며 갖는 행복감들이 그대로 환자분들에게 전달된다면 우리 병원의 모토인 '따뜻한 종합병원' 실현이 가능하지 않을까요."(최문식 기획홍보팀장)

청주의료원은 여성 근로자가 행복한 세상을 만들면서 동시에 의료 서비스 질을 확연히 향상시키는 결단도 내렸다. 2004년에는 간호사가 적어 간호등급제 7등급을 받았지만 2010년 무려 4계단이나 상승한 3등급을 받은 것이다. 중소병원은 항상 부족한 간호사 때문에 아우성이지만 청주의료원에게는 딴 나라 얘기다. 나이트 전담, 휴일 전담 근무제로 안정적인 가정생활을 꾸릴 수 있도록 배려했고 출산에 따른 육아휴직을 현행 1년에서 3년으로 연장하는 방안도 검토 중이다.

"간호사들이 병원을 떠나는 이유는 막중한 업무 부담과 육아 때문이죠. 결혼해서 임신한 간호사에 대한 배려가 사실상 부족한 것이 현실

▶ 청주의료원은 작업장혁신을 기반으로 충청북도 공공 의료기관의 임무를 충실히 수행하고 있다.

일곱번째 이야기
청주의료원

▶ 여성 근로자들이 행복한 직장을 실현하고 있는 청주의료원

희망을 위해 함께 만드는 **아름다운 하모니**

STORY 7th

입니다. 국가적으로 출산·육아를 장려하는 취지에 동의하면서 간호사들이 행복하게 일할 수 있도록 임신한 간호사는 나이트 근무에서 제외되고 충분한 육아 휴직을 할 수 있는 제도를 마련하고 있습니다. 또한 예전에는 2명이 근무해 힘들었지만 지금은 4명이 그 일을 나눠서 하니 업무 피로도도 확실히 줄어들었죠."(조성훈 노동조합 부지부장 겸 임상병리사)

청주의료원은 유연근로제를 활용해 일과 직장이 양립할 수 있는 근무 환경을 조성하는 데 성공했다. 2009년 고용노동부가 주최하고 노사발전재단이 주관한 '작업장혁신 우수기업'에 선정되는 등 대외적으로도 인정받았다. 직원들의 입가에 미소가 떠날 날이 없고 육아 문제로 일을 놓는 여성 근로자도 없다. 일과 삶, 꿈이 조화를 이루면서 오히려 출근을 안 하면 서운해지는 친구 같은 직장으로 탈바꿈한 청주의료원. 유연근로제를 통한 작업장혁신이 안겨준 작은 행복들이 모여 더 큰 행복과 고객 만족으로 이어져 앞으로 100년, 1,000년을 유구히 빛낼 충청북도 대표 의료기관으로 성장하길 기대해 본다.

Mini interview

청주의료원
최문식 기획홍보팀장

Q 작업장혁신 프로그램 성공 요인은 무엇일까요.

청주의료원은 공공기관이라는 특수성이 있지만 병원 업계에서도 살아남아야 할 의무가 있습니다. 단순히 재정적인 이익에만 매달린다면 크게 성장할 수 없죠. 항상 직원을 위해 무엇을 해야 할지 고민한 덕에 유연근로제가 성공적으로 정착한 것 같습니다. 앞으로 환자가 만족하고 직원과 그 가족들까지 만족하는 문화를 조성하기 위해 더욱 노력하겠습니다. 내년에 더욱 할 일이 많습니다. 간호사 3교대 제도 개편 방향을 모색하고 유연근로제의 완성도를 높이는 작업에 더욱 정신없을 것 같습니다. 그래도 '편히 근무할 수 있도록 애써줘서 고맙다'는 말에 큰 보람을 느낍니다.

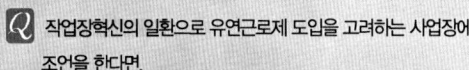

Q 작업장혁신의 일환으로 유연근로제 도입을 고려하는 사업장에 조언을 한다면.

청주의료원
조성훈 노동조합 부지부장 겸 임상병리사

노사 모두 할 수 있다는 용기를 가져야 합니다. 노사가 용기를 갖고 서로를 믿을 수 있어야 무슨 일이든 할 수 있습니다. 서로 믿음을 확인하기 위해서는 당연히 많은 대화가 필요하죠. 유연근로제 도입을 고려하는 사업장에 조언을 한다면 절대 포기하지 말라는 것입니다. 재정 문제나 내부 의견 충돌 등으로 일을 진척시키기 어려운 상황이 벌어지더라도 끝까지 포기하지 않고 노력하면 언젠가 결실을 보게 될 것입니다.

모범사례집

8th STORY | 혁신은 사람에서 시작되고 사람에서 끝난다
한국유리공업

한국유리공업. 1957년 전후 복구사업의 일환으로 세워진 회사다. 오래된 회사는 그만큼의 관행과 습관을 가지고 있고, 오랜 만큼 고치기 어렵다. 변화하는 시장 상황 속에서 한국유리공업은 익숙한 관행을 벗어던지고 혁신에 성공했다. 비결은 신뢰였다. 인터뷰 내내 관리팀은 노동조합에 공을 돌렸고, 노동조합은 회사에 고마움을 표했다. 그 성과는 신제품과 높은 생산성으로 나타났다.

업종 제조업
근로자 수 282명
연혁
1957년 한국유리 설립
1980년 한국복층유리공업주식회사 설립(복층유리 전문 생산)
1993년 해외투자 시작, 중국 남경에 생산라인 구축
 프랑스 상고방 그룹과 합작,
 폴란드에 법인 설립해 유럽 시장 진출
2005년 상고방 그룹에 인수, 세계시장 겨냥

소개
우리나라 유리산업의 선구자인 한국유리공업은 1957년 전후 복구사업의 일환으로 국제연합 한국재건단이 설립을 결정해 탄생한 회사다. 한국유리공업은 건축용 판유리, 자동차 안전유리, 조명 및 이화학용 관유리, 단열 흡음용 유리섬유, TV 브라운관 유리 등을 생산하고 있다.
특히 세계적 유리제조업체 상고방 그룹이 인수하면서부터 해외 시장에서도 눈부신 성장세를 보이고 있다.

2006년 한국유리공업의 영업이익은 흑자에서 적자로 돌아섰다. 제반 기술이 변화하여 설비를 개선해야 하기도 했지만, 기본적으로 경쟁사에 비해 인원이 많아 생산성이 낮았고, 조직 구조가 비효율적이었기 때문이었다. 더구나 대기업이 유리시장에 진출하는 상황에서 수익성이 악화되는 구조로는 회사의 존립 자체도 담보하기 어려웠다. 한국유리공업 임직원들 앞에 묵직한 과제가 떨어진 셈이다.

어떻게 할 것인가. 오랜 시간 어렵고 힘든 토론과 협의 끝에 결론이 났다. 다 살리고 가자는 것이었다. 대신 4조 3교대 근무를 5조 3교대로 전환해 주당 42시간의 노동시간을 33.6시간으로 줄였고, 급여의 10% 이상이 줄었다. 하지만 분위기는 달라졌다. 2006년 단체협상에 이 내용이 명시됐고 2007년 1월부터 5조 3교대 근무가 시작됐다. 생산성은 올라갔고, 경쟁력도 좋아졌다. 2006년의 영업 손실은 2007년 반으로 줄어들었다. 위기가 지나가는 듯했다.

▶ 건축, 자동차용, 방화 유리 등을 생산하는 한국유리공업

STORY 8th

위기를 기회로 바꾼 WCM과 MKT2

위기는 다시 찾아왔다. 2010년 현재까지 채 가시지 않은 2008년 미국발 금융위기. 금융위기는 바다 건너 우리나라에 도착했고, 건설시장이 직격탄을 맞았다. 한국유리공업은 판유리를 만든다. 말 그대로 판처럼 넓적한 유리를 만드는데, 건축물과 자동차에 주로 쓰인다. 두 분야 모두 휘청거릴 정도로 타격을 받았다. 두 번째 던져진 굵직한 과제에 선배 직원들이 용단을 내렸다. 회사와 후배들을 위해 명예퇴직을 신청했고, 회사와 남은 직원들은 여력을 모아 보답했다. 그리고 2009년 2월, 군산 2공장의 불이 꺼졌다.

2공장을 다시 가동하기 시작한 건 올해 5월이었다. 그동안 1공장과 3공장을 5조 3교대로 운영하다가 2공장 재가동과 함께 4조 3교대 체제로 전환할 수 있었고, 주 40시간의 근무시간과 이에 따른 급여 인상이 이루어졌다. 그 사이, 한국유리공업 군산공장에 무슨 일이 있었던 것일까. 위기를 기회로 살린 비결은 무엇이었을까. 잠깐, 그 전에 한국유리공업의 현재 상황에 대해 이해할 필요가 있다. 한국유리공업은 1957년 전후 복구사업의 일환으로 국제연합 한국재건단(UNKRA)이 설립을 결정하여 만들어진 회사다. 1989년까지 시장에서 독점적인 위치

▶ 한국유리공업은 글로벌 프로젝트 현지화를 통해 높은 생산성을 기록했다.

를 차지하며 안정된 성장세를 유지했지만 시장이 개방돼 중국산 값싼 제품들이 들어오면서 경영이 어려워졌다. 구조조정이 잇따랐고 노동조합의 파업까지 발생하면서 분위기는 파국으로 치달았다. 그러던 중 2005년 4월 그간 기술제휴 관계에 있던 프랑스 상고방(Saint-Gobain) 그룹이 지분을 늘려 경영 일선에 나섰다. 혁신의 서막이 올랐다.

다시 작업장혁신 이야기다. 한국유리공업 군산공장의 작업장 혁신은 두 개의 단어로 압축할 수 있다. WCM과 MKT2[1]. 우선 WCM부터 들여다보자. WCM은 세계 정상 수준의 제품을 만들어내기 위한 작업장 혁신 프로그램이다. 상고방 그룹 내 공장들의 특장점을 서로 공유해 생산성과 완성도를 높이기 위한 것

---

1) World Class Manufacturing의 줄임말로 다른 공장에서 제조 노하우를 배우도록 돕는 프로그램을 뜻한다. Manufacturing Know-how Transfer & Training의 줄임말인 MKT2도 같은 의미다.

모범사례집

STORY 8th

으로 2007년 9월부터 도입됐다. 상고방 그룹에서 세계 공통으로 추진하는 글로벌 프로젝트와 현지 상황에 맞게 공장별로 자체적으로 발굴하여 진행하는 로컬 프로젝트로 나뉜다.

글로벌 프로젝트의 경우 에너지 절약과 손실 최소화, 두께 최적화, 구입 판유리 재활용 등의 프로그램으로 짜여있다. 올해 실적은 아직 발표되지 않았고 2009년 12월 기준, 군산공장은 33억여 원의 절감효과를 거두었다. 세계 28개 생산라인 가운데 제3라인이 2위, 제1생산라인이 3위를 차지했다. 로컬프로젝트 역시 지난해 기준 13개의 프로젝트를 완료해 16억 원의 절감 실적을 거뒀다.

교육의 생활화

한국유리공업의 임직원들은 작업복 상의 주머니에 조그만 수첩을 하나씩 가지고 다닌다. 수첩 내지 위에는 '위험요소 발견 보고서'와 다른 면에는 '나의 제안'이라고 적혀 있다. 현장 시설, 공정이나 작업방법의 위험 요소는 '위험요소 발견 보고서'를 활용하고 현장을 가장 잘 아는 작업자에 의해 현장 개선 사항이 있는 경우에는 '나의 제안'을 적어 담당자에게 전달한다. 한국유리공업 직원이나 협력업체 직원은 물론 방문객도 적을 수 있다. 이 역시 WCM 프로그램의 일환으로, 기존의 인터넷에 구축돼 있는 제안시스템과 더불어 현장 직원이 제안활동에 더 쉽게 참여할 수 있다. 6S는 잘 알려진 5S(정리·정돈·청소·청결·습관화)에 안전을 보탠 것으로 현장 작업자를 위한 현장 작업 조직이다. 보다 효율적으로 WCM과 MKT2를 수행하기 위해 신설된 Continuous Improvement Team[2] 현정규 과장이 한국유리공업 군산공장에서 WCM 코디네이터 업무를 수행하고 있다. 그는 WCM을 받아들인 지 3년이 지난 지금, 좋은 지표들이 많아지고 있다며 프로그램에 적극적으로 참여한 현장 작업자들에게 고

2) 지속적으로 개선활동을 펼치는 팀

[106]

▶ 작업 과정에서 수시로 의견을 교환하거나 현장 교육을 실시함으로써 작업장혁신에 성공했다.

마음을 표했다. 좋은 지표에 대해서는 잠시 후에 살펴보기로 하고 MKT2를 먼저 살펴보자.

MKT2는 제품의 우수하고 고른 품질을 유지하기 위해 작업자들에게 표준화된 작업 교육을 하는 프로그램이다. 유리는 원료-용해-성형-서냉(천천히 냉각)-절단-채판(만들어진 유리 쌓기)-품질관리-제품관리의 과정을 통해 시장에 선보인다. 여러 단계에 걸친 작업의 모든 과정에서 언제나 같은 수준의 작업이 이뤄져야 품질을 고르게 유지할 수 있다. MKT2는 '생산기술 전수 및 교육'이란 뜻을 가지고 있다. 역시 상고방 그룹의 모든 공장에서 시행되고 있는 현장 직무교육 프로그램이다. 이는 2001년 멕시코 공장에서 처음 시작됐는데, 핵심 내용은 숙련된 작업자와 신규 작업자의 작업 수준을 맞추고, 다양한 현장 문제와 돌발 상황에 대처하기 위한 노하우를 공유하는 것이다. 글로벌 뼈대에 지역적 특수성을 감안한 로컬 프로그램을 결합했다.

STORY 8th

▶ 한국유리공업 군산공장 생산1팀 나용신 차장

2008년 1월부터 준비하기 시작해 그해 7월부터 본격적으로 운영된 MKT2. 교육은 초기교육과 계속교육으로 나뉘는데, 지금도 모든 작업자들이 매월 1시간 이상 교육을 받고 있으며 컴퓨터를 통해 스스로 자습을 할 수 있는 온라인 교육을 진행하고 있다. 현장의 생산라인에서 고된 노동을 하는 작업자들이 일을 마치고 컴퓨터 앞에 앉아 온라인으로 공부하는 모습이 그려지는가. 더구나 군산공장의 현장 작업자들은 '그래도 한 30년은 다녀야지 유리 좀 만들었다고 할 수 있다' 할 정도로 평균 연령대가 높다.
한국유리공업 군산공장이 세워진 건 1980년, 막내 작업자의 근속연수는 22년이다. '30년 된 공장, 20년 된 습관'이란 이를 두고 한 말이다. 이들은 과거 화려했던 한국유리공업의 전성기를 경험한 세대다. 한때 '눈에 보이는 유리는 모두 한국유리'였던 때를 겪은 이들이란 뜻이다. 그들이 '회사가 어렵고 좋은 제품을 만들어야 하니 이러이러하게 바꿔야 한다'는 이야기를 쉽게 받아들일 수 있었을까? 물론 지금은 누구도 혁신 프로그램의 필요성을 부정하지 않는다. 되레 교육 프로그램의 오류를 지적해 제안서에 적어 내기도 한다. 현장 사정이야 프로그램을 만든 이보다 작업자가 더 잘 알지 않겠는가.

작업장 혁신, 신제품을 만들다

"비상약품이 쓸 일 없어야 좋은 거잖아요. 안전장구도 마찬가지입니다. 10년 착용해서 단 한 번의 사고를 막을 수 있다면 족하죠. 하지만 안전장구를 착용해야 하는 사람 입장에서는 무척 불편할 수 있어요. 원료를 녹이는 용광로에서 일하는 사람이 안전모와 보안경을 쓰면 덥고 불편하지 않겠어요? 인도와 차도가 구분되지 않으면 사람이 아무데서나 길을 건널 수 있으니까 편하겠죠. 하지만 그렇게 하지 않는 건 위험해서죠. 공장도 마찬가지입니다. 지게차와 작업자의 동선이 구분되지 않아 안전사고의 위험이 컸습니다. 사람의 동선을 구분하고 횡단보도를 만들면 발품을 팔아야 하지만 안전이 담보

여덟번째 이야기
한국유리공업

▶ 한국유리공업 군산공장은 혁신 프로그램을 통해 안전과 생산성이란 두 마리 토끼를 잡았다.

STORY 8th

모범사례집

되죠. 그래서 첫 걸음이 무척 어려웠습니다. 하지만 안전이 보장되면 작업 효율이 올라가죠."

생산1팀장을 맡고 있는 나용신 차장의 말이다. 그의 말마따나 작업장혁신을 실시한 후로는 안전사고가 일어나지 않았다. 현장이라면 어느 곳이나 '안전제일'이라는 글자가 큼지막하게 붙어 있을 정도로 가장 중요한 건 안전이다. 안전이 보장됐다면, 기업이란 수익을 남겨야 하는 조직이니 효율성이란 가치가 중요하다. 한국유리공업 군산공장이 작업장을 혁신하는 과정을 살펴봤으니, 이제 그 성과를 살펴볼 차례다.

한국유리공업의 판유리는 대부분 반제품 형태로 출시된다. 네모난 판유리를 필요에 따라 가공해 건물 외벽에도 붙이고 자동차에도 올라가게 한다. 수익을 높이기 위해서는 보다 많은 부가가치를 만들어내는 제품을 만들어야 했다. 군산공장 안에 있는 부설연구소인 한국유리기술연구소는 요즘 건축에서 외장은 물론 실내 인테리어에도 유리를 많이 사용하는 추세를 감안해 '예쁜 유리'를 만들어냈다. 디아망은 그렇게 세상에 나왔다.

유리의 생명은, 반투명 유리와 같은 특수한 경우를 제외하면, 투명도가 생명이다. 유리의 투명도를 결정하는 건 철분 함량이다. 철분을 넣

▶ 한국유리공업 군산공장 관리팀 강병주 부장

지 않으면 맑기야 더할 나위 없겠지만, 내구성이 떨어지기 마련이니, 내구성을 유지하면서 철분의 함량을 줄여 투명도를 높이는 것이 고부가가치 유리의 핵심이다.

한국유리공업에서 나오는 고급 유리는 디아망과 디아망 솔로가 있다. 디아망이 사용되는 곳은 고급 건축물의 외벽, 귀금속 진열장과 같은 고급 인테리어나 쇼윈도우, 조명기구나 유리공예품 등 투명도가 중요한 곳이다. 전시물이 선명하게 보여야 하는 박물관 전시실부터 물고기 기르는 어항까지, 디아망을 찾는 수요는 갈수

3) 열을 모으는 투명한 유리

한국유리공업

록 늘고 있다.

디아망 솔라는 이름처럼 태양광 발전에 사용한다. 태양광 발전의 효율은 가시광선의 투과율에서 판가름 나기 마련이다. 디아망 솔라는 유리가 열선을 흡수하는 비율을 줄여 태양광 모듈과 집열판30)의 효율을 극대화시키는 공을 세웠다.

모두가 깜짝 놀란 생산성

2006년부터 적자로 돌아선 영업 이익은 2007년과 2008년 줄더니 2009년 하반기부터 흑자로 바뀌었다. 내부적으로는 2010년 영업 이익에 거는 기대가 크다. 아직 집계되지 않았다고 하니 생산성이 얼마나 좋아졌는지를 살펴보자. 강병주 관리팀장은 노동생산성 수치를 설명했다.

"2003년 무렵이었을 겁니다. 노동생산성이라는 게 총 물건량을 총 작업자 수와 총 작업 시간으로 나눠 한 사람이 한 시간에 생산한 양을 따지는 겁니다. 2005년 전까지는 관리팀에서 0.6톤만 한 번 넘겨봤으면 소원이 없겠다는 말을 입에 달고 살았습니다. 그때는 0.4톤이었어요. 2006년 0.567톤으로 목표에 다가가더니 2007년엔 0.676톤으로 올랐어요. 모두 깜짝 놀랐죠. 2008년에 0.72톤으로 고지를 넘어섰다가 2009년엔 말씀드렸다시피 공장 불을 꺼서 많이 떨어졌어요. 놀라운 건 올해 다시 0.7톤대로 올라 계속 유지하고 있다는 사실입니다. 참으로 감사할 일이죠."

강병주 관리팀장, 나용신 차장과 함께 돌아본 생산 현장은 무척 깨끗했다. 생산지원팀 편부길 반장은 작업장혁신 전의 작업장은 작은 철공소처럼 어수선하고 너저분했다는데, 그런 흔적은 조금도 찾을 수 없었다. 노란 실선과 횡단보도가 곳곳에 있었고, 작업자들은 그 선을 지켰다. 지게차로 제품을 운반하

▶ 한국유리공업 군산공장장 심경근 상무

모범사례집

STORY 8th

는 작업자도 인도를 침범하지 않고 정해진 길로만 다녔다. 작업장 곳곳의 칠판에는 각 작업자별로 제안과 교육 등 혁신 활동의 성과와 각오를 적어둔 칠판이 놓여 있었다. 다시 돌아와 심경근 공장장을 만났다.

"유리를 만드는 산업은, 예전엔 기간산업이었지만 이제 부품산업으로 넘어가고 있습니다. 쉽게 말하자면, 건축주가 유리회사에 주문을 넣는 대신 인테리어 업체나 섀시 업체에서 유리를 주문합니다. 부품업체가 됐다는 건, 시장 경쟁이 더 치열해진다는 걸 뜻하고, 수요자들의 수요(needs)에 더 민감해져야 한다는 걸 의미하죠.
그동안 우리는 어려운 상황을 많이 겪었어요. 중요한 시기에 선진 혁신 기법을 도입했고, 지금은 좋은 성과를 내고 있습니다. 중장기적으로는 지속적이고 자발적인 발전이 가능한 시스템을 만들어야 하고, 동시에 이직률은 낮고 제품의 완성도는 높은 공장으로 만드는 것이 목표입니다."

심경근 공장장은 우리나라 생산 현장에 대해 '인재는 훌륭한데 시스템이 못 받쳐주는 실정'이라고 설명했다. 조직을 합리화하고 인적 자원을 잘 교육해 적재적소에 배치하는 일, 훌륭한 인재가 능력을 연마해 발휘하도록 하는 것은 관리자, 곧 자신이 해야 할 몫이라고 말했다. 그의 목표는 세계 1등 기업이다. 여러 어려움을 극복하고 작업장혁신에 성공한 한국유리공업 군산공장은 그의 목표에 얼마나 가까이 왔을까?

"현재 우리 위치는 75% 정도에 있다고 생각합

▶ 한국유리공업 직원들은 친목 대회에서도 놀라운 단결력을 보여준다.

여덟번째 이야기
한국유리공업

▶ 작업장혁신 전의 작업장은 어수선하고 너저분했으나 지금은 그런 흔적을 전혀 찾을 수 없다.

STORY 8th

모범사례집

니다. 지나온 50%보다 앞으로 달성할 25%가 몇 배 어렵다는 건 잘 알고 있습니다만, 방향은 분명하게 잡혔고, 더 중요하게는 임직원들이 그 방향과 목표를 잘 이해하고 있기 때문에 몇 년 안에 가능할 것으로 예상합니다."

껍질의 안과 밖

'굴뚝 산업' 30년 세월이면 변화가 어렵다. 더구나 화려한 전성기를 겪었다면, 과거의 영화는 달라진 시장 상황의 족쇄가 되기 쉽다. IMF를 겪은 뒤인 1999년의 파업은 한국유리공업 57년 역사의 첫 파업이었고, 2001년에는 인원 재배치에 따른 파업도 있었다. 이것이 파국으로 가는 지름길이 될지, '족쇄'를 푸는 열쇠가 될지는 결국 사람 손에 달렸다. 당시 임금협상이나 단체협상이 타결되지 않아 노동부까지 올라가기도 했지만, '멈추면 안된다. 가야 한다'는 의식은 끝까지 공유했다. 결국 족쇄는 풀렸다. 심경근 공장장은 그때가 알의 껍질을 깨기 위해 부리질을 하던 때라고 표현했다.

껍질의 안과 밖은 분명 다르다. 아늑하고 편안한, 무엇보다 익숙한 쪽은 안이다. 밖으로 나오기 위해서는 힘들게 껍질을 쪼아 깨야 하고, 나와서도 새로운 환경과 조우해 적응해야 하고 힘든 날갯짓도 배워야 한다. 하지만 이 둘의 운명은, 누구나 잘 알 듯, 다르다. 물론, 선택은 각자의 몫이다.

▶ 강도, 물 침투력 등 까다로운 시험에서 합격점을 받은 한국유리공업 제품은 유명 고층 건물의 자재로 쓰인다.

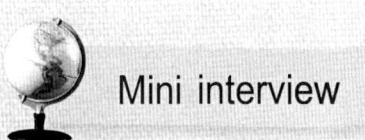

여덟번째 이야기
한국유리공업

Mini interview

한국유리공업
Continuous Improvement
Team 현정규 과장

Q 작업장혁신 과정에서 가장 힘들었던 점은.

"저희 공장에 계시는 생산직 근로자 분들의 경우, 1989년 이후 들어오신 분이 없습니다. 그만큼 나이들도 많으세요. WCM은 안 하던 걸 새롭게 하는 거잖아요. 오랜 시간 익숙해진 습관들을 고치려니 처음엔 무척 어려웠습니다. 그러다보니 본의 아니게 강압적인 분위기도 있었고요. 하지만, 설득 과정을 통해 프로그램의 취지를 이해하신 후로는 무척 적극적으로 받아들이셨어요. 본인들의 일이 더 늘어나는 데도 불구하고 말이죠. 그 점은 무척 감사드립니다."

Q 혁신에 대한 공감대 형성이 쉽지 않았을 텐데요.

한국유리공업
고석산 노조 위원장

"그게 쉬웠겠습니까? 30년 된 공장이고, 20년 된 관행입니다. 고치기 힘들죠. 굳이 위험한 것 같지 않은데 안전모를 써야하고, 늘 다니던 지름길이 있는데, 노란 선 그어둔 곳으로 돌아가는 일은 생각보다 어렵습니다. 하지만 분명한 건 시장이 변했다는 것이지요. WCM과 MKT2를 함께 하는데, 해야 한다는 건 알겠는데, 쉽지 않았어요. 설득의 과정을 거치면서 공감대가 이뤄지기를 기다렸죠. 접하는 시간이 많아지고 프로그램의 취지와 내용에 대한 이해가 높아지면서 작업자들이 마음의 문을 열더라구요."

작업장혁신 모범 사례집

2014년 8월 25일 1판 1쇄 인쇄
2014년 8월 25일 1판 1쇄 발행

지 은 이   고용노동부 • 노사발전재단
발 행 인   이헌숙
표   지   김학용
발 행 처   생각쉼표 & 주)휴먼컬처아리랑
          서울특별시 영등포구 여의도동 45-13 코오롱포레스텔 309
전   화   070) 8866 - 2220 FAX • 02) 784-4111
등록번호   제 2009 - 000008호
등록일자   2009년 12월 29일

www.휴먼컬처아리랑.kr
ISBN 979-11-85111-57-5